Simple ✕ PowerPoint ＝ Decision

シンプル ✕ PowerPoint 社内プレゼンの決定力を上げる本

天野暢子
Nobuko Amano

はじめに

[社内プレゼンを決めれば社外プレゼンも決まっていく]

　はじめまして、プレゼン・コンシェルジュの天野暢子です。多くのプレゼンやPowerPoint関連の書籍の中から本書を手にとっていただきありがとうございます。

　本書は、PowerPointを使って、「引き算」をキーワードに「社内プレゼン」の決定力を上げることを目指しています。なぜ、社内のプレゼンに重点を置かなければいけないのでしょうか。

　もちろん「新商品の素晴らしさを取次店にアピール」「わが団体の活動内容を消費者に紹介」のように対外的なプレゼンをすることも大切です。けれども、仕事の流れをよく見直してみると、その新商品を開発、製造する段階で、まず社内の了解をとっているのではないでしょうか。また、団体の活動内容を決める時も内部のゴーサインをもらっているはずです。つまり、内部の承認をとることなく、どんなビジネスも前に進むことはないし、対外的なプレゼンを行うこともないわけです。

　ありがたいことに社内プレゼンの相手は上司でも役員でも基本的にはあなたの身内、仲間です。ノーという返事を出すことがあっても愛あるノー。場合によっては、どこがダメか、どう改善すればよくなるかを教えてくださることもあるでしょう。社内プレゼンは切磋琢磨の場だと考えれば、その先に控える社外プレゼンを行う時には、資料もスライドもかなりブラッシュアップされ、決定も引き出しやすくなるのです。

　社内プレゼンは多くの場合、大ホールに聴衆を集めて行うようなものではありません。資料によって判断され、決裁されることがほとんどです。多忙な相手を秒速で決定に導くために、PowerPointを使ってシンプルに伝えるスキルを身につけていきましょう。

　　　　　　　　　　　　　　　　　　　　プレゼン・コンシェルジュ
　　　　　　　　　　　　　　　　　　　　天野　暢子

CONTENTS

はじめに ·· 02

Chapter 01 プレゼンを決定に導くための基本知識　09

- Section 01　プレゼンは何のために行うのか ·· 10
- Section 02　段階によってゴールは違う ··· 13
- Section 03　プレゼン相手をとことん知ろう ·· 15
- Section 04　プレゼンを相手にフィットさせよう ···································· 17
- Section 05　主張とニーズの接点を見つけよう ·· 19
- Section 06　「行動」してもらうための情報を盛り込もう ······················· 21
- Section 07　無駄のない資料作成の流れ ··· 23
- Section 08　資料はどのタイミングで渡す？ ·· 26

Chapter 02 資料は「引き算」で作成する　29

- Section 01　PowerPointによる資料作成の特長 ······································· 30
- Section 02　構成を考えるツールとしてのPowerPoint ···························· 33
- Section 03　紙の資料とスライドは全くの別物 ·· 36
- Section 04　究極のプレゼンは資料だけで決まる ···································· 40
- Section 05　伝われば資料は1枚だけでもいい ··· 41
- Section 06　「読ませる」のではなく「直感させる」資料を ··················· 43
- Section 07　PowerPointを起動する前にやるべきこと ··························· 46
- Section 08　情報検索の無駄をなくすコツ ··· 49
- Section 09　決定に直結するプレゼンの構成 ·· 51
- Section 10　情報は「捨てる」のではなく「まとめる」 ························· 53
- Section 11　資料は「作る」のではなく「加工」する ···························· 56
- Section 12　一覧画面を駆使してページを量産する ································ 61
- Section 13　テンプレートの下準備で余分な作業時間をゼロに ············· 63
- Section 14　色味はコピーされることを前提に考える ···························· 72

CONTENTS

Chapter 03 引き算で資料をシンプルにする　75
STEP1 レイアウト編

- Section 01 ［基礎知識］配布資料の設定 …… 76
- Section 02 ［引き算］ビジュアルを「引き算」する …… 78
- Section 03 ［引き算］オブジェクトを「引き算」する …… 81
- Section 04 ［引き算］色を「引き算」する …… 83
- Section 05 ［引き算］行間を「引き算」する …… 88
- Section 06 ［引き算］文字の種類を「引き算」する …… 90
- Section 07 ［引き算］線を「引き算」する …… 93

Chapter 04 引き算で資料をシンプルにする　99
STEP2 図表編

- Section 01 ［基礎知識］ビジュアルの意味合い …… 100
- Section 02 ［基礎知識］レイアウトをサポートするツール …… 101
- Section 03 ［基礎知識］最も力を入れるのは表紙 …… 103
- Section 04 ［基礎知識］データを「引き算」するのがグラフ …… 105
- Section 05 ［基礎知識］数量を比較するなら棒グラフ …… 107
- Section 06 ［基礎知識］数値の動きを見せるなら折れ線グラフ …… 109
- Section 07 ［基礎知識］割合を見せるなら円グラフ …… 111
- Section 08 ［基礎知識］感情に訴えるなら絵グラフ …… 113
- Section 09 ［引き算］グラフの種類を「引き算」する …… 116
- Section 10 ［決定力］画像を加工する …… 119
- Section 11 ［決定力］相手の視線を誘導する …… 123
- Section 12 ［決定力］文字列によるストレスをなくす …… 127
- Section 13 ［決定力］直感力を上げるために …… 129
- Section 14 ［時短］イラスト作成時間を短縮する …… 133
- Section 15 ［時短］チャートは自作しない …… 136
- Section 16 ［時短］「無意識」を利用する …… 139
- Section 17 ［時短］資料の修正は自動で行う …… 141
- Section 18 ［時短］図をひとつにまとめて無駄もストレスもなくす …… 143
- Section 19 ［時短］表作成の作業時間を減らすコツ …… 146

Chapter 05 引き算で資料をシンプルにする　149
STEP3 文字編

- Section 01 ［基礎知識］文字を引き算する目安を知る……………………… 150
- Section 02 ［引き算］文章の数を「引き算」する…………………………… 154
- Section 03 ［引き算］文字数を「引き算」する……………………………… 160
- Section 04 ［引き算］ヨコ文字を「引き算」する…………………………… 164
- Section 05 ［引き算］接続する言葉を「引き算」する……………………… 166
- Section 06 ［決定力］文末によってメッセージの効果が変わる…………… 168
- Section 07 ［決定力］数字の配置はメリハリをつける……………………… 170
- Section 08 ［決定力］字数を変えずに読みやすさを上げるテクニック…… 172
- Section 09 ［決定力］専門用語は可能な限り避ける………………………… 174

Chapter 06 プレゼンを決定に導くスライドのポイント　177

- Section 01 ［基礎知識］スライド資料作成時の注意点……………………… 178
- Section 02 ［基礎知識］画面比率の設定……………………………………… 180
- Section 03 ［基礎知識］注意喚起するように作る…………………………… 182
- Section 04 ［基礎知識］背景を設定する際のポイント……………………… 184
- Section 05 ［基礎知識］画面切り替えを活用する…………………………… 186
- Section 06 ［基礎知識］アニメーションを活用する………………………… 188
- Section 07 ［決定力］情報を「消す」………………………………………… 190
- Section 08 ［決定力］グラフにインパクトを持たせる①棒グラフ………… 192
- Section 09 ［決定力］グラフにインパクトを持たせる②円グラフ・折れ線グラフ… 194
- Section 10 ［決定力］スライドに動画を挿入する…………………………… 196
- Section 11 ［決定力］動的画面で認識できる字数を知る…………………… 200

CONTENTS

Chapter 07 シンプル資料が生きるプレゼン本番のポイント　203

- Section 01　[基礎知識]最初に概要を伝える……………………………………… 204
- Section 02　[基礎知識]「早口」が決定を遠ざける………………………………… 207
- Section 03　[決定力]聴衆の注目を集める方法……………………………………… 209
- Section 04　[決定力]発表者ツールを活用する……………………………………… 211
- Section 05　[決定力]ライブ感を演出する…………………………………………… 214
- Section 06　[決定力]事前準備がモノを言う………………………………………… 220

Chapter 08 最後に足し算するプロの必勝テクニック　225

- Section 01　[足し算]シンプルさを引き立てるひとさじ…………………………… 226
- Section 02　[足し算]文字を「足し算」する………………………………………… 228
- Section 03　[足し算]意見を「足し算」する………………………………………… 231
- Section 04　[足し算]金額を「足し算」する………………………………………… 233
- Section 05　[社外プレゼン]根拠を「足し算」する………………………………… 234
- Section 06　[社外プレゼン]気くばりを「足し算」する…………………………… 236
- Section 07　[社外プレゼン]プレゼンが終わった後にすべきこと………………… 237
- Section 08　[社外プレゼン]15秒で伝えるコンテンツを持ち歩く………………… 240

APPENDIX 秒速で伝わる資料・伝わらない資料　243

あとがき ……………………………………………………………………………… 255

PowerPointテンプレートのダウンロードについて

本書では、PowerPointを活用して
「シンプルに」プレゼン（主に社内プレゼン）で「決定」を
手にするためのアプローチを紹介しています。
本書で紹介している様々なテクニックを身につけられれば、
シンプルな資料でプレゼンの決定力を高められるだけでなく、
資料作成の時間も大幅に短縮できるはずです。
また、作業短縮に役立つテンプレートも準備したので、
ぜひともご活用ください（一部はAppendixでも紹介しています）。
内容は「職務経歴書」と「社内研修の導入提案書」ですが、
パーツを切り取ったり、レイアウトを流用したりして、
他のどんなプレゼンにも役に立つことでしょう。

URL http://www.shoeisha.co.jp/book/download/9784798152264

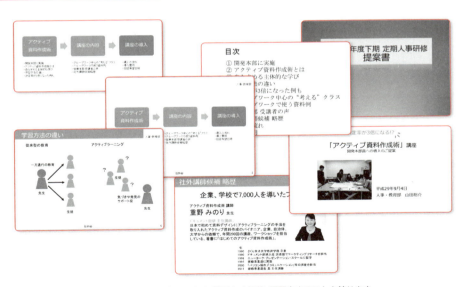

● 各種素材は著者の厚意により提供しているものであり、許可なく転載、再配布することを禁じます。
● ダウンロードサンプルをご利用いただくには、インターネット接続環境に加え、PCにMicrosoft PowerPointがインストールされている必要があります。

本書内容に関するお問い合わせについて

このたびは翔泳社の書籍をお買い上げいただき、誠にありがとうございます。弊社では、読者の皆様からのお問い合わせに適切に対応させていただくため、以下のガイドラインへのご協力をお願い致しております。下記項目をお読みいただき、手順に従ってお問い合わせください。

●ご質問される前に

弊社Webサイトの「正誤表」をご参照ください。これまでに判明した正誤や追加情報を掲載しています。

正誤表　http://www.shoeisha.co.jp/book/errata/

●ご質問方法

弊社Webサイトの「刊行物Q&A」をご利用ください。

刊行物Q&A　http://www.shoeisha.co.jp/book/qa/

インターネットをご利用でない場合は、FAX または郵便にて、下記"翔泳社 愛読者サービスセンター"までお問い合わせください。
電話でのご質問は、お受けしておりません。

●回答について

回答は、ご質問いただいた手段によってご返事申し上げます。ご質問の内容によっては、回答に数日ないしはそれ以上の期間を要する場合があります。

●ご質問に際してのご注意

本書の対象を越えるもの、記述個所を特定されないもの、また読者固有の環境に起因するご質問等にはお答えできませんので、予めご了承ください。

●郵便物送付先およびFAX番号

送付先住所　〒160-0006　東京都新宿区舟町5
FAX番号　　03-5362-3818
宛先　　　　（株）翔泳社 愛読者サービスセンター

※本書に記載されている情報は、2017年7月執筆時点のものです。
※本書に記載された商品やサービスの内容や価格、URL等は変更される場合があります。
※本書の出版にあたっては正確な記述につとめましたが、著者や出版社などのいずれも、本書の内容に対してなんらかの保証をするものではなく、内容やサンプルに基づくいかなる運用結果に関してもいっさいの責任を負いません。

Chapter 01

プレゼンを決定に導くための基本知識

新商品の企画の承認、予算の獲得、新システムの導入、
昇進、プランのコンペ……
今やビジネスの場において、「プレゼン」は
避けて通れないものとなりつつありますが、
多くのプレゼンはまず社内で行われます。
そこで、本書では社内プレゼンの「決定力」を高めることに焦点を当て、
そのための方法を数多くレクチャーしていきます。
どんなことをすれば相手を説得・納得させられる
プレゼンができるのでしょうか?
まずは「プレゼンとは何なのか」という点から
出発しましょう。

Section 01 プレゼンは何のために行うのか

プレゼンと発表の違い

「プレゼン」という言葉を聞いたとき、多くの人が「発表」という言葉を連想するのではないでしょうか。しかし、「プレゼン」と「発表」とは、全く異なります。

私たちは子どもの頃から多くの「発表」を経験してきています。例えば、小学生のときにいくつかの班に分かれて話し合い、各班の代表が前に出てきて、発表するような経験を誰しも持っているはずです。では、こうした「発表」と「プレゼン」とでは、何が違うのでしょうか。

「発表」とは、相手からどう思われようが、何かしら話す、説明するだけで許される「一方通行」のものです。つまり、自分の意見や調べたこと、みんなで話し合ったことを発信するのが発表です。

反対に「プレゼン」は、一方通行ではいけません。導きたい目的に向かって、相手の心を揺さぶり、行動させなくてはいけないのがプレゼンです。

つまり、プレゼンとは必ず相手から「イエス」や「ノー」というリアクションが返ってくる、双方向のコミュニケーションでなければならないということです。相手に情報を伝え、理解や納得をもらい、「これに決めます」「今すぐやります」などの行動に導くという重要な目的が、プレゼンにはあるのです（図1-1）。

私たちはついこの目的を忘れ、「プレゼンすること」が目的になってしまいがちです。したがって、プレゼンをする際には常に次のように自分に問いかけるようにしてみましょう。

「このプレゼンでは相手に何をしてもらうことがゴールなのか？」
「そのために相手に発信するべき情報は何なのか？」

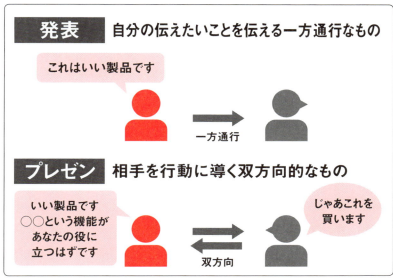

図1-1：発表とプレゼンの違い

「話し方」より「資料」に注力を

　多くの人が思い浮かべる「プレゼン」とは、多くの聴衆の前でステージ上に立ち、ヘッドセットのマイクをつけて、歩きながら派手な身ぶりを交えたりしながら堂々と話す……こうした華々しいものではないでしょうか。このように、プレゼンにおいて必要なものは「話術」だと考えられがちです。ちなみに、専門用語でこの話術のことを「デリバリー」と呼びます。

　デリバリーとは、直訳すれば「引き渡し」や「話し方」。つまり、相手にどのように情報を届けるかという意味になります。もちろん、このデリバリーのスキルもプレゼンにおいては重要な能力ではあります。

　しかし、一般のビジネスマンにとっては、こうした多くの聴衆に向けて情報を発信する必要のあるプレゼンをする機会はほとんどないはずです。

　つまり、この書籍を読んでいる皆さんが主に注力すべきなのはデリバリーではなく、「資料作成」です。一般的には、プレゼンにおいて資料というものは補助ツールという印象が強いですが、実はそうではありません。そもそも、資料がしっかり作り込まれていれば、わざわざ口頭で説明する必

要もなくなります。

そうすると、プレゼンをする側はわざわざ資料を補うための話術を練習する必要がなくなるだけでなく、聞き手の側も、ダラダラとプレゼンを聞く必要がなくなり、お互いの時短につながります。

仮に対面でのプレゼンに15分の時間を要する場合、プレゼンをする人は資料作成に加え、15分間の時間配分や、話し方などの練習をする必要がありますし、聞き手も15分間プレゼンを聞き続けなければなりません。

また、デリバリーのプレゼンをしている人も、突然大きなホールに足を運んでいってプレゼンをするわけではありません。大衆の面前で登壇し、堂々としたプレゼンをする前に、実は多くの審査を通過しているのです。そして、審査の多くは書類審査から始まります。ということは、まず書類審査を通らなければ、そもそもどんなプレゼンでも舞台に立つことはできないのです（図1-2）。

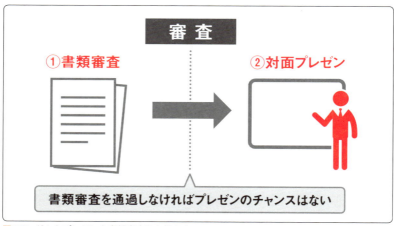

図1-2：どんなプレゼンも書類審査から始まる

Section 02 段階によってゴールは違う

Chapter 01 プレゼンを決定に導くための基本知識

手にしたいものは何か？

プレゼンによってあなたが手にしたいものは何でしょうか。

プレゼンをする人には必ず目的があるはずです。社内プレゼンであれば、「新商品の企画の承認を得る」「これまでの業績を上司に評価してもらい昇進する」「チームの成果を報告し、予算を得る」などが考えられます。もしプレゼンが終わった後に相手から「素晴らしいプレゼンだったよ、ありがとう」と言われても、その目的が達成されなければ意味がありません。プレゼンは、ショーではないのです。

したがって、デザインの優れたスライドや資料、相手の心をつかむ熱いスピーチなどは、絶対的に必要なものではありません。あくまで目的のために行うのがプレゼンであって、手段が目的化してはいけません。

「このプレゼンで得たい結果は何なのか」。このことを最初によく考えなければ、プレゼンの構成やメッセージが違う方向に進んでしまう危険性があります。プレゼンをする際には、まずプレゼンの核となる「目的」をしっかりと認識するところから始めましょう。

プロセスごとのゴールを見極める

「新しい企画の承認を得る」というプレゼンのケースで考えてみましょう。ここで気をつけなければいけないのは、企画の承認を得るまでは、数多くのプロセスがあるということです。

企画を承認してもらうまでには、

① **企画のことを知ってもらう**
② **企画の改善点を教えてもらう**
③ **決定権のある人・部署で検討してもらう**
④ **役員会議で決定してもらう**

などのプロセスがあるはずです。①から④までの各段階では目的が違うので、当然ながらプレゼンの内容も変わってくるのです。

つまり、ただ目的を認識するだけではなく、新しい企画の承認を得るという「最終ゴール」を設定した上で、各段階において何をすればプレゼンは成功したと言えるのかという「プロセスごとのゴール」も設定しておかなければいけません（**図1-3**）。

これを確認しておかないと、「本来②の段階のはずなのに④の段階で必要なプレゼンをしてしまった」という事態に陥り、時間をかけて準備したプレゼンが無駄になってしまうのです。

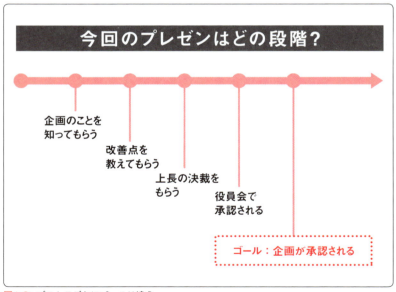

図1-3：プロセスごとにゴールは違う

Section 03 プレゼン相手をとことん知ろう

相手によって攻め方は変わる

　何をどうすべきなのかというプレゼンの目的を確認し、プロセスごとのゴールを理解した後は、プレゼンをする相手＝ターゲットを知ることが重要です。

　なぜなら、同じものをアピールするにも、相手によって伝え方を変えなければいけないからです。プレゼンとは少々異なるものですが、スポーツクラブの入会を促すプレゼンのケースで考えてみましょう。

　相手が40代の男性会社員の場合と50代の専業主婦の場合では、クラブに求める価値が異なるので、攻め方が変わってきます。例えば、会社員には「仕事のストレスを解消できる」とアピールし、50代の専業主婦には「20代のスタイルを取り戻せる」というような策が考えられます。このメッセージが逆では、相手には全く響きません（図1-4）。

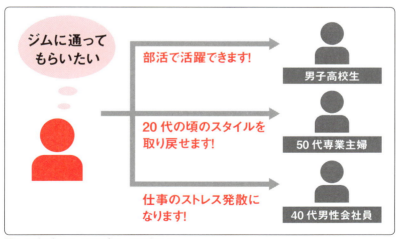

図1-4：相手によってアプローチは変わる

ターゲットを知る上でまず確認すべきものは相手の「属性」です。プレゼンに出席する人の性別、年代、肩書や資格などは必ず把握しましょう。

　その次に、相手が求めているもの、つまり「何をどうしてほしいのか」ということを確認します。属性は同じでも、求めているものが違うことが多々あるからです。

　そして、相手特有の嗜好をつかんでいきましょう。プレゼンの善し悪しを判断するのは血の通った人間ですから、ほんのちょっとした好き嫌いが採否を左右することもあります。ブルー系の色が好みだとか、愉快な雰囲気が好きだとか、人によって心の動くポイントは千差万別です。

　また、好きなものとは逆に、相手を不快にさせるものを知ることも重要です。ライバル企業の名前や嫌いなものなどの「NGワード」を避けるだけでも、何もしないよりはよいでしょう。こうした微妙な心遣いが、意外に大きく影響するのです。

「決定権者」の存在も押さえておく

　なお、プレゼンにはほとんどのケースで複数人が参加します。その中で、意思決定を行う「決定権者」をしっかりと押さえておきましょう。

　せっかくプレゼンに参加するA課長の属性や嗜好を理解していても、「実はプレゼンの最終決定権はB課長にあった」となっては全く意味がありません。

　また、「決定権者」だけではなく「陰の決定権者」を押さえておくことが必要なケースもあります。「陰の決定権者」とは、プレゼンの場にはいないながらもプレゼンの採否を決定する人のことです。社内プレゼンではあまりありませんが、もし社外プレゼンなどを行う際には、気をつけたい存在です。

Section 04 プレゼンを相手にフィットさせよう

人間は必ず「快」を選んでいる

　プレゼンに対して判断を下すのは人間です。入札などなら金額の最も安い企業が優先的に決まってしまいますが、プレゼンでは決める人の心理状態を考えることが有効です。

　心理学の領域では「快・不快原則」という考え方があります。人間は無意識のうちに、「快・喜び・安心」といった自分にとってプラスになるものを選んでいる、という考え方です。逆に、私たちは自然と「不快・苦痛・不安」といったマイナス要素を避けて生きているのです。そう考えると、相手にとって「快」となるお得な要素を盛り込むことが、プレゼンの決定力を上げる近道なのです。

　ここで、P.15で考えたターゲットの分析が重要になってきます。「40代男性会社員」という属性を特定するだけでは十分ではなく、「今回のターゲットである寺西一雄さんの求めるものはこれだ」「鈴木玲美さんの嫌うものはこれだ」といった、ターゲットごとの快・不快を見つけ、ターゲットに最も「お得」が伝わるアピールをしましょう。

　ちなみに「お得」という言葉からは、一般的には「安い」や「増量」のようなキーワードがイメージされますが、実はそうとも限りません。ブランド品であれば高ければ高いほど価値がありますし、「量が多いものは余らせてしまうかもしれないので、少量の方がいい」と考える人もいます。

アピールポイントは「物質/感情」×「＋/－」で見つける

　アピールポイントの見つけ方ですが、まず「物質的なもの」と「感情的なもの」の2つに分けて考えましょう。物質的なものとは「大きい・安い・

コストが減る」など、目に見える・数値などで表せるものです。一方の感情的なものとは「おもしろそう、かわいい、目立つ」など、人によって変化する主観的なものです。

そしてこの2つは、さらにそれぞれ「＋」と「－」の2つに分解することができます（図1-5）。

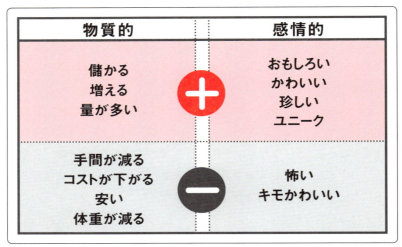

図1-5：アピールポイントの4分類例

この分類を参考にすると、どれかの項目だけ見て不利だと考えられていた商品にも、意外なアピールポイントが潜んでいることがわかります。

例えば、商品の新たなPR戦略を発表するプレゼンで「うちの商品は高すぎてライバル店と比較されたら勝ち目はない」と考えていた商品が、金額という物質的な面だけでなく感情的な面へ目を向けてみると「違いのわかるマニアックな人たちの中で人気が出る」という新たな可能性が見えてくるはずです。

こうして細分化して考えれば、これまで弱点、欠点と考えていたものも、立派なアピールポイントに変身させることができるのです。プレゼンの方向性に迷ったときには、このことを思い出して、何か違ったアピールのしかたができないかどうかを検討してみるとよいでしょう。

Section 05 主張とニーズの接点を見つけよう

押し売りは厳禁

　プレゼンをする際には、最初に自分の目的を確認すべきだということを説明しました。しかし、それだけではプレゼンをする側の一方的な要求や願いに終始したものになってしまいます。つまり、目的を確認していても「買って」「導入して」「昇進させて」とただ押し売りするだけではプレゼンではなく一方通行の発表になってしまいます。

　プレゼンに盛り込むべきアピールポイントについても同様です。ただ単にアピールするのでは意味がありません。相手から最も感謝されるのは、その人が抱える問題を解決したり、悩みを解消したりできる提案です。

　誰彼構わず相手どり「車を買ってください！」というプレゼンをしていては営業マンの一方的な押しつけになってしまいますが、駐車場が狭くて駐車するのに困っている人に、コンパクトで背面の確認ができるシステムを搭載した車をおすすめしたなら「こんなに便利な車のことを紹介してくれてありがとう！」となり、あっさり購入につながることもあるでしょう。

　このように、自分のプレゼンの目的とプレゼンしたいもののアピールポイント、相手が抱えている問題が合致したときに初めてプレゼンは成功します。

　車の営業マンの例では、担当が大型車の場合、相手が小型車を求めていれば、売ることはできないかもしれません。そうしたときにでも、自分の要求を押し通すのではなく、小型車担当の同僚を紹介するなどして、まず相手の問題を解決してあげましょう。そうすることで、友人や親戚など、自分の担当するものを求めている人を紹介してもらえるかもしれません。

　もうひとつ例を出しましょう。「全てのデザイン案をモノトーンで提出したい。でも、プレゼンの相手はピンクなどのかわいらしい色が好きなこ

とが多い。どうしたらいいのだろうか？」という相談をデザイナーから受けたことがあります。こういうケースでは、自分の好みをゴリ押しするのではなく、相手の求めるものであるピンクで提案して、まずは「決裁」を得ることに注力しましょう。決まった後でなら「提案したものとは別にモノトーンの案も考えてみましたが、いかがでしょうか？」などと提案することも可能になります。提案者側からしてみると「様々な引き出しを持っているな」となり高評価につながりますし、提案者側からしても、自分の好みにプランを変更してもらえる可能性もあるので、両者にメリットがあります。これが、最初からプレゼンターの我を通していたら、拒絶されて決定に至ることはありません（図1-6）。

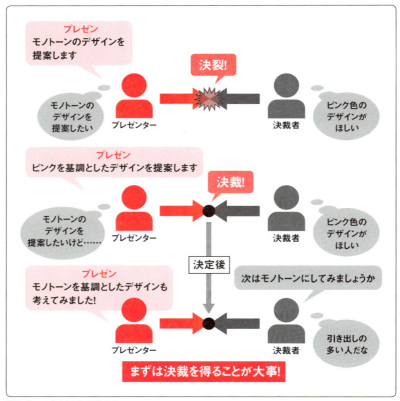

図1-6：いきなり我を通さない

Section 06 「行動」してもらうための情報を盛り込もう

「行動」につながる情報を忘れずに

　内容や見せ方も素晴らしく、相手からの感触もよかったのに、なぜだか決定につながらないプレゼンがあります。もしかするとそれは、プレゼンの中に相手が「行動」するための情報が入っていなかったのかもしれません。

　あるプレゼンを受けたときのことです。最後にセミナーのチラシが配布されました。デザインもいいし、プレゼンの内容もよかったためこのセミナーにも興味を持ちました。しかし、そのチラシにはセミナーの日程や費用、内容、講師の経歴などは詳しく書いてあったのですが、場所は「新宿校」とだけしか書いてありませんでした。何という名前のスクールなのか、そして主催はどこなのかが欠落していたのです。住所や電話番号、メールアドレス、ウェブサイトのURLなども入っていませんでした。これではせっかくプレゼンの内容はよくても、チラシを受け取った人はどうしようもありません。

　また、コンサートのチケットを予約しようとしたら、先行予約用のチラシには日時とチケット代金の記載がなかったこともありました。肝心な情報が抜け落ちていたのです。

「6W2H」で情報の抜け・漏れをチェックしよう

　新聞などの記事を書く際には「5W1H」を網羅することがポイントとされています。相手を行動させる必要のあるプレゼンでは、さらに2つ加えて「6W2H」が入っているかを常に確認しましょう（図1-7）。

　「What（何を？）」、「Who（誰が？）」、「When（いつ？）」、「Where（ど

こで？）」、「Why（なぜ？）」と「How（どのように？）」の5つが一般によく知られている「5W1H」です。中でも「What」がないプレゼンでは何も伝わらないでしょうし、差出人である「Who」が入っていなければ、返事が来ることは永遠にありません。

　ここに加えるのは「Whom（誰に？）」と「How much（いくら？）」です。

例：海外出張の承認を受ける際のプレゼン			
6W	What	何を	海外出張を
	Who	誰が	私（鈴木）が
	When	いつ（までに）	10月3〜12日
	Where	どこで	アメリカ・シカゴへ
	Why	なぜ	IT見本市視察のため
	Whom	誰に	海外営業部長（田中）に
2H	How	どのように	視察団ツアーに入って
	How much	いくらで	35万円

図1-7：相手に行動してもらうための6W2H

　特に重要なのが「How much」です。人間は誰しも、どんな物事に対しても無意識のうちに「ボールペン1本が100円ならまずまず、20円ならかなり安い、2万円は高すぎる」「この商品が無料なのはどういう理由があるのだろう？」のように頭の中で価格について考えを張り巡らせるものです。つまり、どれだけよい提案でも、最終的にはコストパフォーマンス（費用対効果）を考えながら決めることになります。いくらなのかを示さずしてプレゼンが決定に至ることはないと言えるでしょう。

Section 07 無駄のない資料作成の流れ

階段を上がるように1工程ずつ

　プレゼンの際に気をつけるべきこと、盛り込むべき情報を理解したら、いよいよ資料作成の段階です。とはいえ、資料作成にはやるべきことが数多くあります。市場調査、コンセプト決定、全体構成の検討……どこから着手すればよいのでしょうか。

　思いついたところから手当たり次第に作成していては、作業に無駄が出て、最悪の場合は期日に間に合わなくなることもあります。「こうしなければならない」というルールはありませんが、プレゼン初心者は次のような流れで進めてみましょう（図1-8）。

図1-8：一歩一歩段階を追って作成しよう

[①仕様を決める]

　スライドなのか紙の資料なのか、サイズはA4かB5か、カラーかモノクロか、ページ数はどうするか……といった体裁のことを「仕様」と呼びま

す。まずこれを決めましょう。用紙のサイズが異なれば、当然そこに入れられる情報量は全く違ってきます。

　ページ数を見積もって「先方からの指定条件を守ると最低でも100ページになる」といった場合、ひとりで1から10まで作業するのは無理なこともあるので、そうした際は数名のスタッフで分業する段取りの設計も必要になってきます。

[②構成を考える]

　仕様が固まったら次は「どんなメッセージを伝えるのか」「どんな流れならわかりやすいか」「アピールしたいことを表現するならどのようなビジュアルが適しているか」などの構成や表現方法を考えます。

[③文章作成]

　次に、資料に入れる文章を書いていきます。何百字もの文章は必要なく、単語や箇条書きレベルで大丈夫です。

[④ビジュアルを準備する]

　ビジュアルには、イラスト、図解、表、グラフ、写真など、多くの種類があります。伝えたいメッセージを一瞬で直感させるには何がふさわしいかを考えて準備しましょう。

[⑤編集する]

　文章やビジュアルといった素材が全て揃ったところで初めて編集作業を開始します。実はこれが最短の資料作成の方法です。ちょっと調べては文章を書き、また気になったことを調べてみる……といったことを繰り返していると、結局、無駄なものを調べたり、作ったりしていることもあるため、入念に下準備をしてから編集するのが最も効率的なのです。

[⑥チェックする]

　資料が完成したら、まず自分だけで確認しますが、自分以外の誰かにも

必ず目を通してもらいましょう。同僚でも部下でもOKです。第三者の目を通すことがミスを防ぐ最大のフィルターです。

最後にページごとのメッセージを定める

①から⑥までの作業が終わったら、仕上げとして、各ページで伝えたいメッセージを定めていきましょう。「2ページ目では『売り上げが急上昇』したことを伝えたい」、「3ページ目では『利益が7％下がったことが原因』だということを伝える」という感じです。こうしたメッセージはスライドのヘッダーなどに設定しておくと、より資料で伝えたいことがわかりやすくなります（図1-9）。プレゼン全体のテーマをひとつの文章で表現するなら何か、ということを考えるのも有効です。

なお、フッターなどにはコピーライトなどの情報を挿入するのがベターです。ちなみに、ヘッダーには何を挿入し、フッターには何を挿入するべきかという決まりはありませんが、同じ属性の情報を同じ位置にレイアウトする、ということをここでは押さえてください。

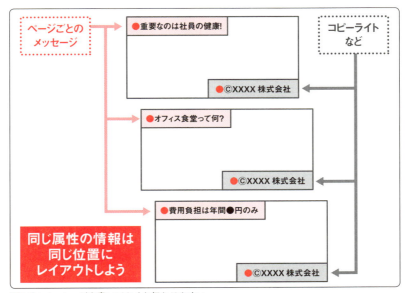

図1-9：メッセージを書いておくと伝わりやすい

Section 08 資料はどのタイミングで渡す？

渡すタイミングは3つ

プレゼンにおいて、聞き手に資料を渡すタイミングは①プレゼン前、②プレゼンの途中、③プレゼン後、と3つあります。これらのどこで渡すべきかは難しい問題です（**図1-10**）。

---

①プレゼン前
重要なところをメモできるが先読み（よそ見）されてしまう

②プレゼンの途中
プレゼンターのタイミングで進行を操作できる

③プレゼン後
ラストまでスライド進行に注目してもらえるが、
メモをとることに集中されてしまう可能性も

図1-10：資料を配布する3つのタイミング

プレゼンが始まる前に、配布された資料をパラパラ読んでしまったことがある人も多いでしょう。最初に配布されると、これからプレゼンで説明があるとわかっているのについつい先々まで読んでしまいます。

したがって、基本的にはプレゼン後に資料を配布した方が、プレゼンに集中してもらえるでしょう。しかし、これにも落とし穴があります。**熱心でまじめな人ほど、手元に資料がないと一言一句聞き漏らすまいとメモする傾向にあるからです**。メモに集中されては、プレゼンの内容は上の空となってしまいます。こうしたことを見越して、最初に「資料はプレゼン後

にお渡しします」と予告しておけば、安心して聞いてもらえるでしょう。

虫食い式で注目を促す

　しかし、最初から手元に資料があれば、疑問点をメモしたり、重要ポイントに下線を引いたりできるという利点があるのは事実です。事前に資料を配るという人も多いのではないでしょうか。

　その場合は、相手を配布資料に没頭させないためにも、全てを盛り込むのではなく、情報を抜粋して資料を作りましょう。

　まずは、ページ数を減らすことから考えます。動きを見せるためにスライド上では5ページでも、情報を整理すれば1ページに収めることも可能です。

　また、伝えたい情報を隠しておくのも有効です。代表的な手法はポイントとなるキーワードをわざと虫食いにしておくという方法です（図1-11）。

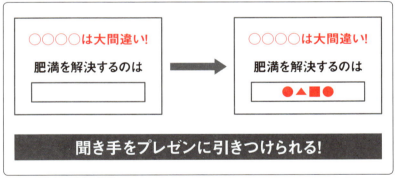

図1-11：虫食い形式の資料

　特に平成以降に生まれた世代は、小・中学校のときからPowerPointに接していることも珍しくなく、授業では虫食い形式のテキストを配布され、先生の講義に合わせて答えを記入していくことも多いようです。

　手を動かして記入したり入力したりすることは、脳の機能を活発にするという研究も最近では発表されているので、記憶してもらうためには、こうした虫食い形式の資料は有効な手段のひとつとも言えそうです。

Column

重要な事柄は左上、念押ししたいことは右下に

　人間の視線は、左上を始点に右に移動し、右上そして下に移って左下、右に移って右下……とアルファベットの「Z」の字を描くように動くので、PowerPointで作成するものだけでなく、多くの資料は「左から右」、「上から下に」にと読んでいくような作りになっています。

　これをプレゼン資料に応用すると、ページタイトルやキャッチコピーなどの最も大切な要素を左上に、最後に確認や念押しをしたい要素、例えば連絡先などを右下にレイアウトするとよいでしょう。実際に、スーパーのチラシなどでは目玉商品をこのいずれかに配置してあることがほとんどです。

　逆に、ページで伝えたいメッセージが資料の右下にあるような場合は、読み手がそれを目にするのが最後になったり、読むことなく次のページに進んでしまったりすることもあるので、決定を引き寄せることはできません。

　資料のレイアウトを考える際はまず「重要な要素は左上」、「念押ししたいことは右下」ということを思い出すようにしましょう。

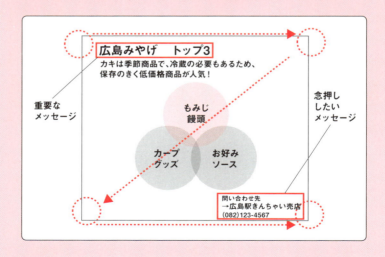

Chapter 02

資料は「引き算」で作成する

Chapter01 では、プレゼンが発表とは違って
双方向的なものであることや、
資料を作り込むことが重要だということを
紹介してきました。
本章からは資料を作成する際のチェックポイントを
「引き算」をキーワードにしながらご紹介します。
引き算の資料作成ができれば、
プレゼンの決定力が上がるだけでなく、
作成時間も大幅に短縮できるのです。

Section 01 PowerPointによる資料作成の特長

「簡略化」「効率化」が実現

　少し昔話をしましょう。25年ほど前、私はスキー場の開発コンサルティング会社でプランナーをしていました。当時は、資料の構成や文章などの素案を白紙に手書きし、それをデザイナーに渡して整形してもらう必要がありました。それだけでなく、パソコンやカラープリンターも高価で、これらの操作は専門職の人がしていました。1文字直したり、改行したりするだけでいちいちオペレーターにお願いしなければいけないので、その都度かなりの手間とコストが発生していたのです。

　その後、PowerPointが登場し、それまでビジネスの現場で活躍していたワープロを使える人なら、ビジュアルも自由自在に操作できるようになりました。誰かにお願いしなければいけなかった仕事がひとりで完結する。これは画期的なことでした。

　PowerPointは次の2点で、私たちを劇的に変化させました（図2-1）。

①簡略化

　専門のデザイナーやオペレーターではない、ごく普通の学生や社会人でも使えるよう、PowerPointではメニューやアイコンが工夫してあります。つまり、専門知識を持っていない人でも使いこなすことが可能なのです。

　また、資料のレイアウト、構成だけでなく、資料に用いる商用イラストや図形なども、PowerPointの登場以前はプロにしか作成できないものでした。しかし、PowerPointには多くの図形やクリップアート（イラスト）が搭載されており、それらを使用し、簡単に組み合わせられるだけでなく、配色も簡単に操作できるため、幅広い表現が可能になりました。また、プレゼンには必要不可欠とも言えるグラフなどの表も、数値を入力するだけ

で見栄えのよいものを一瞬で作れるようになり、アニメーションなどの動きまでつけられるようになったことも画期的です。

[②効率化]

それまで分業するしかなかった横断的な業務が、ひとつのパソコン上で実現できるようになりました。パソコン操作、図表作成の専従者を置くのではなく、誰もが本来の業務をこなしながら、プレゼンの領域を手がけられるようになったことで、企業は浮いた人材をほかの業務に配置できるようになり、ビジネス全体が大幅に効率化しました。

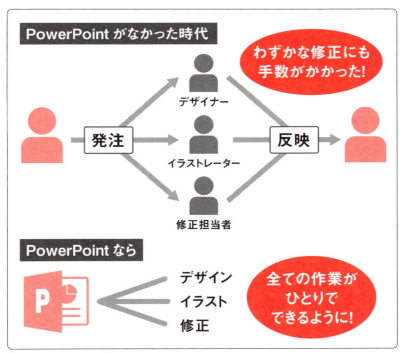

図2-1：PowerPointの登場で起きたこと

このように、従来では多くの人が「スピーチだけ」「文章表現だけ」でしか情報を伝えられなかったのが、PowerPointの登場により図形、色、動きなどの「ビジュアル」という強力なものを味方につけて、誰でも簡単

に提供できるようになったのです。

　今でこそビジネスの場以外でも当たり前のように使われるようになったPowerPointですが、あえてこのような本来の利点を見直すことで、より効率的に使えるようになるはずです。

最大のメリットは並べ替えの自由度

　ちなみに、極論すればWord、Excel、PowerPointのどれでプレゼン資料を作成しても、見た目は同じようなものが完成します。しかし、見た目は同じであっても使い勝手が全く異なります。

　例えば、WordやExcelで作られた資料はページ間の移動が難しいのが難点です。以前、「PowerPointが使えないから」という理由からWordで作った資料を投影してプレゼンしている人がいましたが、毎回次のページへ移動するのに苦労していました。PowerPointで作った資料であれば、次のページへも、前のページへも、離れたページへも、一瞬で移動することができます。そのため、プレゼンで使用する資料、特にスライドについてはPowerPointで作成することが最も理に適っていると言えるでしょう。

Section 02 構成を考えるツールとしてのPowerPoint

KJ法を活用しよう

PowerPointは、プレゼン資料を作る以外の使い方も可能です。ページをノートのように使ってアイデアを出し、考えを整理するのです。

その際、情報整理の手法のひとつである「KJ法」を活用しましょう。KJ法は4ステップで行います（**図2-2**）。

① テーマについて思いついた**言葉を付箋**などへ次々に書き出す
② 書いたものを選別していき、似ているものを**グループ化する**
③ グループごとに**ラベル（ネーミング）をつける**
④ グループごとに、付箋に書かれた**言葉をつないで文章化する**

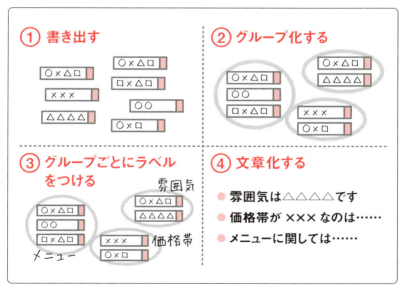

図2-2：KJ法の4ステップ

このKJ法を、PowerPoint上で行うのです。

PowerPointでKJ法を行う場合は、まず白いスライドに文字だけを書いていきます。「価格25万円」「デザイン自動生成」「ノルウェー発祥」「ネーミングの由来」「SNSで目立つ」など、脈絡は無視して結構です。

その後、並べ替えて、似たような内容のものを集めます。グループとグループの間に仕切りとなるページを設置してもいいでしょう。データという性格上、ページをどれだけ増やしても並べ替えても制限はないので、紙などを使うより経済的です。

キーワードだけでも資料は作れる

なお、PowerPointではこのように並べ替えたキーワードからでも簡単な資料が作れてしまいます。それには「アウトライン機能」を使います。KJ法で出した単語をベースにして、文字だけで資料の骨組みを作っていきましょう。

その場合は、［表示］からアウトライン表示に切り替え、左側のエリアにあるスライドマークの右側をクリックし、文字を入力していきます。そのまま入力すればスライドのタイトルが、［Ctrl］キー＋［Enter］キーを押してから入力すると、タイトルにぶら下がる本文が入力されます。この際、どんどんと［Ctrl］キー＋［Enter］キーを押していくと箇条書きが羅列されてしまい逆にわかりづらくなってしまうので、注意しましょう。この繰り返しで「見出し」＋「本文」のページを量産することができます（**図2-3**）。

さらに、Word上で作ったアウトラインのデータをインポートして、そこからスライドを作っていくことも可能です。

ただし、このようにして作られたスライドは、背景やフレームなどの装飾を除くと、基本的には「文字だけ」で構成されているものです。プレゼンを受ける側に「読む」ことを強要することで、プレゼンに集中してもらえなくなってしまうことから、上級者はほとんど使いません。

プレゼンの資料ではなく、あくまで自分の頭の中を整理し、プレゼンの

全体の流れを考えるために使うくらいにしておくとよいでしょう。

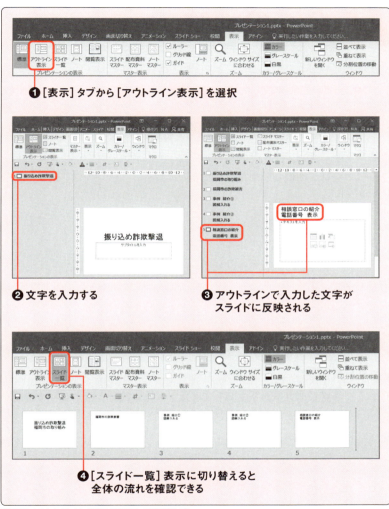

図2-3：アウトライン機能を活用して資料作成

Section 03 紙の資料とスライドは全くの別物

パソコンを持ち込むプレゼンは稀

　プレゼンのためにPowerPointで作成するものは、2つのタイプに分類できます。ひとつは、それを見せながらプレゼンするための「スライド」。もうひとつは、印刷して配布するための「資料」。この2つは、異なるものだと理解しましょう。

　どちらがいいとか悪いということではありません。それぞれ見せ方も違いますし、作り方も根本から違うのです。それにもかかわらず、多くの人はスライドも配布資料も兼用で、同じ作り方をしてしまっています。

　そもそも、意外とスライドを使うプレゼンの機会はなかなかありません。プレゼンの専門家である私も、スライドを使う機会は、セミナーや講義などで自分が一方的に教える場面くらいで、プレゼンではほとんど使いません。会社員時代にも社内プレゼンはおろか、社外でのプレゼンでも、先方の応接室や会議室にパソコン、プロジェクターを持ち込み、スクリーンに投影してのプレゼンはありませんでした。何より設営・撤去だけで時間がかかってしまうからです。

　考えてみてください。営業マンであっても一般家庭に出向いてスライドでプレゼンする機会など、ほとんどないでしょう。最近では、タブレット端末でスライドや画像などを見せるケースも多少出てきましたが、まだまだ少数派です。ほとんどの人はPowerPointで作成した紙の資料を相手に渡し、それをベースにプレゼンしているはずです。

　もちろん、職種によっては、講演、学会、見本市、コンクールなどでのプレゼンが多く「スライドを使う機会の方が多いよ」「スライドしか使わないよ」という人もいるでしょう。

　繰り返しますが、どちらがよい、悪いということではありません。あく

までこの2つが全く別物なのだということを認識し、資料を作成しましょう。それではここからは、それぞれの特徴を説明していきます（図2-4）。

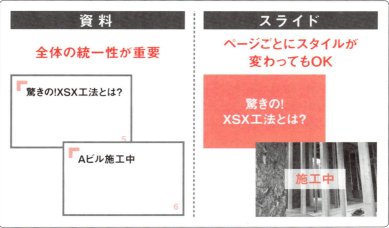

図2-4：紙の資料とスライドの違い

配布資料を作成する際の注意点

　配布資料を作成する際には「形に残る」ということを念頭に置きましょう。つまり、渡した相手から他の人に渡ったり、コピーされたりすることまでを考える必要があるということです。このことを押さえつつ、以下の2点に特に注意しましょう。

[①統一性]

　配布資料には全体の統一性が求められます。最初から最後まで一貫した用語やテーマカラー、フォントや文字サイズを使いましょう。見出し（ページタイトル）やページ番号も、全て同じ場所にレイアウトしていくことで、読み手が情報を探すストレスから解放されます。

[②印刷の利便性]

　配布資料は印刷するものなので、当たり前ですが用紙とインクを消費し

ます。もしページ全体に背景色を設定していると、出力する際に時間がかかるだけでなく、トナーもかなり消耗します。したがって、白地で作るのが基本です。多くの人が読む書籍や新聞が白地になっているように、文章を読みやすくするためには白地が最適なのです。

スライドを作成する際の注意点

スライドの場合は、その場で見せるだけで終わりなので、内容が瞬時に理解でき、イメージが相手の脳裏に焼きつくよう、インパクトを重視して作成するのが基本です。その上で、次の3点を押さえましょう。

[①視認性]

スライドはスクリーンやモニターから離れて見られるので、文字や図表が判読できるサイズであることが必要です。数メートル以上離れた場所からでも読めるサイズの文字や読みやすいフォントを選びましょう。

また、横位置のスライドでは1行の文字数が縦位置のスライドよりも多くなります。次の行にまたがった文章を読もうとすると、誤って別の行へ目移りしてしまう可能性が高いため、できるだけ長文にはせず、行をまたがないようにしましょう。

[②ページ単位の訴求]

スライドは紙の資料とは違い、印刷にかかる手間暇を考慮せずに済むので、全体の背景に黒や赤などの色を使うことができます。極端なことを言えば、3ページ目の背景色は黄色で、4ページ目は緑、5ページ目は写真を使う、なども可能なのです。

あまり知られていないことですが、テレビ番組のテロップは、画面が切り替わるたびにフォントやサイズ、そして色までも変化しているものがあります。こうした自由な表現で見ている人の心を奪えるのは、動きがあるスライドならではのメリットです。

[**③動的画面**]

「②ページ単位の訴求」と似ていることですが、スライドの特長は何と言っても画面の切り替えやアニメーションなどで動きをつけられることでしょう。静止画にとどまらず、音や動画などを載せることもできます。人間には動くものを目で追いかける習性があるため、活用すれば注目を集めることができます。紙では絶対にできないようなライブ感を演出できるのです。

配布資料とスライドを併用する際のポイント

最後に、配布資料とスライドを併用する場合のポイントを紹介しましょう。

時間にゆとりがあれば、配布資料とスライドとで全く違う2種類を準備するのがベストです。例としては、投影するスライドはPowerPointで作成し、配布する資料はWordで作るなどが考えられます。「エクスポート」という機能を利用すれば、PowerPointで作成したスライドをWord上へ瞬時に出力できるため便利です。その後にWord上で見出しやコメントを書き添えるだけで配布資料になるほか、プレゼンターの台本としても活用できるので重宝します。

スライドとテキストが同一内容だと、資料そっちのけでプレゼンに集中してもらえないこともあるので、私のセミナーなどではこうしたスタイルをよくとっています。

Section 04 究極のプレゼンは資料だけで決まる

相手の時間を奪わないプレゼンを目指そう

　プレゼンは①資料、②スピーチ（デリバリー）という2つの要素で構成されるのが基本ですが、どちらか一方だけで行われることも多々あります。例えば、「稟議書」制度。これは「雑誌広告費として30万円使いたい（目的）ので、皆さん承認してください（提案）」という資料を決裁権のある関係者に回覧して全員の押印をもらう一種のプレゼンです。

　スピーチも交えるプレゼンでも、究極的に目指すべきはこのスタイルです。もし、資料だけで完結するようなプレゼンであれば、決裁する側の時間を奪わないので、相手に時間や精神的なゆとりを提供することになり、決定につながりやすくなります。その上、説明する側の時間もカットできて一石二鳥なのです（図2-5）。

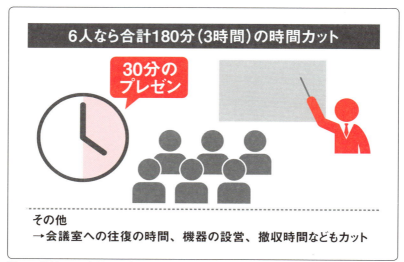

図2-5：資料だけで完結すれば……

Section 05 伝われば資料は1枚だけでもいい

多くても10ページ以下で作る

　当然ですが、本書ではシンプルなプレゼンや資料作成を目指しているので、目標は数十枚に及ぶ長大なスライドや資料ではなく、極力枚数を減らしたものです。スライドは全編を見終えるまでボリュームがつかめませんが、分量の多い配布資料は目にした、手にした瞬間にボリュームがわかってしまい、相手をうんざりさせてしまうことも多くあります。

　ちなみに、「多くはない」と感じられるような枚数は10枚程度です。セミナーなどでこの数字を示すと「そんなページ数では無理」と難色を示されることも多いです。「だって、うちの会社では最初に『はじめに』を入れて、その次に『コンセプトの趣旨』を入れて……というのが定型になっているから、どうしても25ページは必要だよ」といった会社のルールを持ち出されることもあります。しかし、考えてみてください。プレゼンは、ルールを守って長々しい資料を作成するのではなく、相手に情報を伝えて、決定してもらい、行動してもらうことが目的のはずです。多くの会社では、このことが忘れられてしまっており、手段が目的と化してしまっているのが現状のようです。

プレゼンの決定と自分の評価は別もの

　プレゼン資料はエンタメ小説ではないので、文字をたくさん読みたいと考えている人はまずいません。シンプルで極限までコンパクトになっている資料の方が本来はありがたいものです。究極のコンパクトとは1枚ものの資料です。競合相手のいるプレゼンの場合、10ページのもの、25ページのもの……と、厚い資料が続く中で1枚ものの資料が入っていたら注目

されることは間違いありません（図2-6）。

　ここで頭に浮かぶのが「たったこれだけの資料では手を抜いていると思われないか」という迷いです。しかし、迷うことはありません。そもそもプレゼン資料は、あなたがよく思われるため、評価を上げるために作っているのでしょうか。違いますよね。前章でお伝えしたように、目的を達成するための手段がプレゼンであり、そのための資料のはずです。つまり、こうした迷いはプレゼンを行う本来の目的と、「できる人材だと認められたい」という欲求がごちゃまぜになってしまっているのです。

　プレゼンの決定力を上げるためには、自分の評価は関係ありません。とにかく、相手に「イエス」と言わせることに焦点を当てることが最重要なのです。

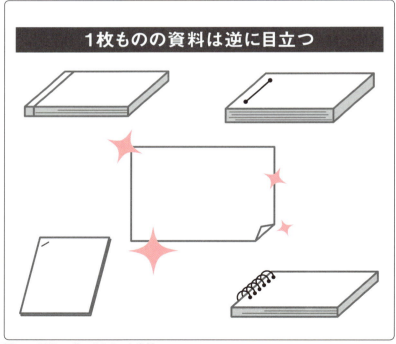

図2-6：理想は1枚にまとまった資料

Section 06 「読ませる」のではなく「直感させる」資料を

Chapter 02 資料は「引き算」で作成する

シンプル資料が決定を生む

　プレゼンの決定力を上げるためには、当然ですが相手に「好き」「これがいい」と思わせなければなりません。

　「好き嫌いは人それぞれなんだからそんなことは無理だよ」と思う人もいるかもしれません。確かに、ターゲットの趣味や嗜好を完璧に理解していなければ「好き」と思わせることは難しいかもしれません。それに、P.15でプレゼン相手の属性や嗜好を探ることを紹介しましたが、実際には嗜好までわかることはなかなかありません。したがって資料を作る際には「好き」と思ってもらうための土台を作ることが重要になってきます。

　そのためにまず必要なのはシンプルであることです。何度も読み返してようやくポイントが見つけられるような資料では、ほとんどの人に「何度も読むのがめんどくさい」と思われて失敗してしまいます。

　その上、読んでいるうちに相手に考えたり迷ったりしてしまう時間を与えることになってしまいます。そこで、まずは瞬時に「これがポイントなんだな」とわかるような資料作りを徹底しましょう。

　交通標識がよい例ですが、「危険」や「注意」などのメッセージは外国人にも確実に伝わらなければいけないため、複雑な文章は使われず、単語や色、絵で表現されています。プレゼンの資料も、交通標識レベルにできるだけ近付けたいところです。

シンプルな資料であるための3つの要件

　資料をシンプルにするためにできることはたくさんあります。まずは次のような3点を意識してみるとよいでしょう。

[①一貫性]

　1点目は、資料全体の「一貫性」です。自分が作った資料と先輩がこれまでに作った資料、それに追加してネット上から引っ張ってきたデータを単純に合体させただけの資料を想像してみてください。言葉遣いや色、文字のサイズやフォント、レイアウトのルールなど、様々な部分でちぐはぐな資料になってしまっているはずです。これはさすがに極端な例ではありますが、資料が最初から最後まで一貫したルールで統一されていなければ、相手は違和感を持つたびにプレゼンに集中できなくなってしまうでしょう。これではプレゼンで伝えたいことに注意を向ける前に、資料を理解するだけで精一杯になってしまいます。

[②トーン・アンド・マナー]

　次に、一貫性と似ていますが「トーン・アンド・マナー」についても考えましょう。略して「トンマナ」と呼ばれ、広告の世界で多く使われる言葉です。

　そもそもトーンは表現のスタイル、マナーとは作法のことですが、トーン・アンド・マナーとはつまり、社風や社の文化・資料の内容と資料の表現が一致しているのかを重視する考え方です。

　「この企画はうちの会社らしくない」「この広告はうちの会社にしては安っぽいなあ」と言われるときの判断材料が、このトーン・アンド・マナーです。「高級志向」を目指す企画なのに、親しみやすさやポップさが押し出されてしまっている資料だと、どうしても違和感を生み出してしまうでしょう。逆に、トーン・アンド・マナーがしっかりと意識された表現ならば、相手に違和感なく理解されやすいのです（図2-7）。

[③情報の整理]

　そして最後に、情報の整理です。プレゼンがなかなか相手に伝わらない、理解されない理由は話や資料の中に情報があふれかえってしまっていることがほとんどです。

　情報が一定のルールでまとめられ、整理されているものを見聞きしたと

き、人は初めて「わかった」と理解できます。

　したがって、一瞬で相手の「わかった」を引き出すためには情報を整理することが重要なのです。そのためには、相手に伝えたいと思っている膨大な情報を極限までそぎ落とし、整理しましょう。

　勘違いしてはいけないのは、情報の「整理」とは情報を「捨てる」こととは違うということです。AとBという情報を相手に伝えたいときに、そのまま2つを羅列するのではなく、もしかしたら2つをまとめて両方を伝えることができる方法があるかもしれません。この新たな方法を見つけるという作業が、情報を整理するということなのです。

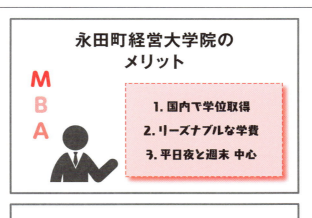

図2-7：トーン・アンド・マナーの統一で印象は激変

Section 07 PowerPointを起動する前にやるべきこと

まずは設計図の作成から

　資料を作るときには、最初からPowerPointを起動してはいけません。家を建てるときに、いきなり材木を切ったり、セメントを練ったりする人はいないでしょう。まずは予算や日程を決め、その後に設計図を作成し、各段階で必要な外注業者や資材を手配するはずです。

　プレゼンの資料も同様に、いきなり作成に着手するのではなく、全体のテーマや思いついた単語、ぼんやりとしたイメージをまず紙に手書きするところから始めるとよいでしょう。ノートやコピー用紙にえんぴつ書きする程度でも問題ありません（図2-8）。

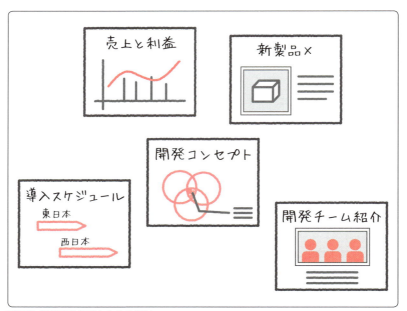

図2-8：設計図は簡単なものでOK！

これから資料を作成するに当たり、設計図を作成して自分の頭の中を整理しておくことはとても重要です。自分がわからないことを相手にわからせることは不可能だからです。ただし、あくまで作成の前段階なので、あまり作り込まずに、自分が理解できる程度のクオリティで大丈夫です。

設計図の作成には何を使うべき？

資料の設計図を作るツールとして「アウトライン・プロセッサ（ツール）」というものがあります。多くのツールがありますが、その多くはダウンロードインストールしなければいけないのでひと手間増えてしまいます。そもそもこうしたツールは、「章・節・項」など厳密にレベル分けしなければいけない資料の場合は必要ですが、P.43で説明したように、目指すべき資料は「わかりやすい」「シンプル」な資料です。したがって、複雑な構成を考える必要はないため、こうしたツールは不要でしょう。

一般的に設計図を考える際には、図2-9にあるようなものが使われます。Google Driveなら「Googleドキュメント」というWordと非常によく似たツールを利用できますし、そのままクラウド上で情報共有できるので便利です。アイデアを箇条書きし、部署のメンバーと情報を共有し、意見を吸い上げることを一元化できます。ちなみに、P.33で紹介したように、PowerPointでも構成を練ることができます。

手書きでもツールでも、自分の使いやすいものであれば何でも結構です。構成を最初によく考えて、固めるということが何よりも重要です。これがしっかりできてさえいれば、資料作成の作業を誰かと分業しても外注しても、最初にイメージした青写真通りの資料ができあがります。

大まかな構成が決まれば、次は「そのページで見せるビジュアル」を考えます。「開発経緯」「コンセプト」だけではなく、「開発経緯（表組みの年表）」「マーケットデータ（人口の棒グラフ）」のように、そのページを表現する内容にふさわしいビジュアルを具体的に考えていきます。この段階ではまだラフスケッチのようなものや、文字だけでもOKです（図2-10）。

下準備としてここまで考えておけば、いざPowerPointを起動した後、無駄のない作業ができるはずです。

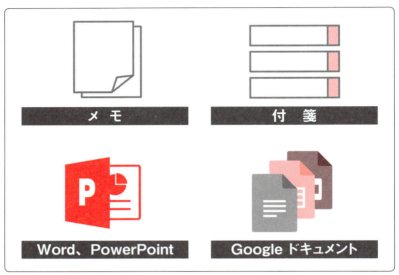

図2-9：アイデア出しに使えるツール

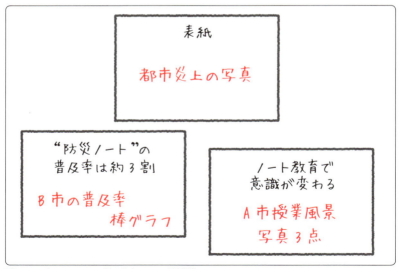

図2-10：キーメッセージとビジュアルが最優先

Section 08 情報検索の無駄をなくすコツ

Chapter 02 資料は「引き算」で作成する

調べものと作業の時間は意識して分ける

　資料作成に必要な統計や調査などのデータ検索、情報の正誤確認などでインターネット検索を利用することは多いはずです。しかし、資料作成の片手間で検索をしてしまうと、ついつい本来探していたものとは別のものをたどってしまい、無駄な時間を過ごしがちです。ネット上での調べものはこうした寄り道の危険性をはらんでいます。

　これを防ぐためには、まずは調べものに集中しましょう。一番まずいのは、作っては調べ、また作成に戻って気になることがあったので検索に戻り……を繰り返すことです。これではいつまで経っても作業が進みません。そうならないよう、情報検索は一気にまとめて終わらせてしまいましょう。

一度調べた事柄はデータベース化する

　プレゼンの情報収集にも役立つ、私がテレビの生放送番組の仕事でやっている方法を紹介しましょう。生放送番組では内容の事実確認のためインターネット検索を利用しますが、いちいち検索していたのでは間に合いません。

　そこで、よく見るようなサイトはお気に入りに登録しています。ただし、何から何まで無作為にお気に入り登録しては膨大な数になってしまい、かえって手間も時間もかかるので、階層ごとに分類するのがコツです（図2-11）。

　例えば、大項目は「スポーツ」「政治」「気象」「経済」など。「スポーツ」の下には「野球」「サッカー」などがぶら下がります。「野球」の下には「プロ」「高校」を分類しておきます。

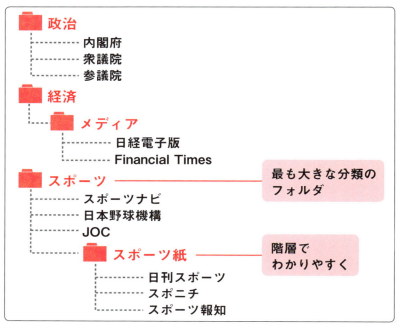

図2-11：お気に入りは階層ごとに分類

　画像も、一度ダウンロードしたものは「IT」「季節」「アイコン」などのジャンル別に作ったフォルダに分類して保管します。こうすれば、次にその画像が必要になった場合に再度検索する手間が省けます。

　繰り返し使うであろう単語や画像を毎回検索していては時間の無駄です。調べて見つけたページは少しずつでいいので、このようにお気に入り登録して整理する習慣を身につけましょう。

　ただし、通常のプレゼンなどではここまで徹底する必要はありません。プレゼン準備の際に私がやっているのは、メモ帳などのテキストエディタを開きそれぞれ「会社名」「統計」「製品X」のようなタイトルを入力して、その下にURLを貼り付けしていくスタイルです。資料が完成するまでの保管ならこれくらいで十分です。

　重要なのは、あくまで資料作成と情報検索を別々に分けて効率的に行うことです。

Section 09 決定に直結するプレゼンの構成

結論は最初？ 最後？

　プレゼンの展開、構成にはいくつかのスタイルがあります。ここでは、その代表的なものとして、DESC法とPREP法を紹介します。

　DESC法とは「Describe（客観描写）」「Explain（詳細説明）」「Suggest（提案）」「Consequence（結論）」という4単語の頭文字をとったものです。

　PREP法も同様に「Point（結論）」「Reason（根拠）」「Example（具体例）」「Point（再度結論）」の4単語の頭文字に由来します。

　この2つの違いは、「結論が先」か「結論が後」かです。このうち、プレゼンで重視すべきはPREP法です。

　日本人は作文でも話し方でも「起承転結」を重視するよう学びます。つまり「起」でテーマを提言し、「承」で、それを受けた内容を説明し、「転」で発展させ、「結」で締めくくる。これは古くから漢詩で用いられる構成法です。芸術の場合は起承転結によるゆったりとした構成でも楽しめるかもしれませんが、現代のビジネスパーソンは常に時間に追われています。

　起承転結と似たDESC法を使うと「御託はいいから、結論だけ言って！」と相手をイライラさせてしまいかねません。したがって、結論となるプレゼンのテーマは口頭でも資料でも、冒頭で伝えるようにするのがベターなのです。

　ノー残業デーを導入してもらうためのプレゼンというケースで考えてみましょう。

　起承転結を用いるパターンでは「起」で現代の時間外労働の実情、「承」で先方の状況、「転」で成功している他社事例の紹介、「結」でプレミアムフライデーの導入を促すというような流れになるでしょう。これが最初に「結」を持ってくるようにすれば、「結」ノー残業デーの導入、「起」時間

外労働の実状、「承」自社の状況、「転」成功している他社事例紹介という流れに変わります。

こうして最初に結論を紹介する構成は、あらかじめ検討するポイントがわかっているので、相手をイライラさせることもなく、決定につながりやすいのがメリットです。

一方で、話を聞き、資料をめくっているうちに、相手が最初に伝えられた結論を忘れてしまっていることもあります。そこで、最後にもう一度、「結」となる内容を念押しするとよいでしょう。

私がおすすめするのは、起承転結になぞらえた「結・起承転・再結」の構成です（図2-12）。

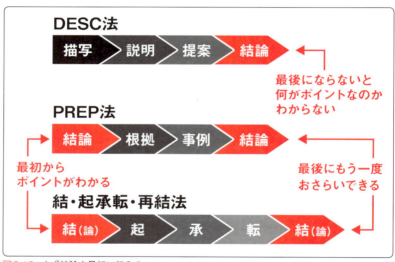

図2-12：まず結論を最初に伝える

順序だけでなく、「重要度順」に項目を並べていく方法も有効です。結論は重要なので最初で、次に重要な説明を2番目、その次に優先順位が高いものを3番目……というように構成し、最後に補足説明や今後の予測など、総論に影響のない豆知識的な内容を付属させます。注意してみるとわかりますが、この「重要度順」の構成は、新聞記事やテレビニュースなどでもよく使われています。

Section 10 情報は「捨てる」のではなく「まとめる」

Chapter 02 資料は「引き算」で作成する

最も伝わりやすい方法は「3」がカギ

　P.44で、「情報が一定のルールでまとめられ、整理されているものを見聞きしたとき、人は初めて『わかった』と理解できます」と説明しました。「伝えたい！」と思っているいくつもの情報が、何の脈絡もなく資料上に羅列されていたり、実際のプレゼンで単語や文章がただ起伏もなく話されたりするだけでは相手には全く伝わりません。

　では「伝えたい！」と思っている情報を相手へ確実に届け、理解、記憶され、プレゼンの決定へとつなげるにはどのような整理をしていけばいいのでしょうか。

　伝えたいことが10個も20個もあるような場合は、その全てを一気に紹介しても相手は記憶できません。数を絞り込む必要があります。

　プレゼンやスピーチには、「マジックナンバー 3」という言葉が存在します。「三大夜景」「四天王」「七福神」など、同じ種類のものをまとめるときに使われる数字を「名数」と呼びますが、この「名数」を「3」に揃えるのです。三脚を思い浮かべてもらうとわかりますが、最低でも3点があれば、ものは自立します。安定するための最小数字が3なのです。

　この3でまとめられたものは「御三家」「三原色」「三冠王」「三種の神器」など数え切れないほどあります（図2-13）。毛色は違いますが「3K（キツイ、キタナイ、キケン）」などの言葉もありますね。

　また、人間は3つまでなら無意識のうちに記憶できますが、4つ以上になると努力しないとなかなか記憶できない、というのが私の持論です。したがって、伝えたい情報がいくつあっても基本的には「3」を軸に伝えていきましょう。

```
┌─────────────────────────────────────────────────────────────┐
│  ┌──────────────────────┐  ┌──────────────────────────┐    │
│  │      御三家           │  │       日本三景            │    │
│  │  徳川家、アイドルほか  │  │   松島、天橋立、宮島       │    │
│  └──────────────────────┘  └──────────────────────────┘    │
│  ┌──────────────────────┐  ┌──────────────────────────┐    │
│  │      三冠王           │  │      世界三大瀑布         │    │
│  │ 首位打者、最多本塁打、 │  │ イグアス、ビクトリア、    │    │
│  │      最多打点         │  │    ナイアガラの滝        │    │
│  └──────────────────────┘  └──────────────────────────┘    │
│  ┌──────────────────────┐  ┌──────────────────────────┐    │
│  │      三大義務         │  │      音楽の三要素         │    │
│  │  教育、勤労、納税      │  │ メロディー、リズム、     │    │
│  │                      │  │     ハーモニー           │    │
│  └──────────────────────┘  └──────────────────────────┘    │
│           ┌──────────────────────────────────┐              │
│           │            3C分析                │              │
│           │ Customer、Competitor、Company    │              │
│           └──────────────────────────────────┘              │
└─────────────────────────────────────────────────────────────┘
```

図2-13：3つで記憶されているものの例

切り口によって印象が変わることも

　3を軸に伝えるというのは、多くの情報の中から3つだけ選んで残りはなかったことにして廃棄する、ということではありません。

　ここでP.33で紹介したKJ法を思い出して応用していきましょう。まず、伝えたいと考えている情報を、3つに分類します。次に、そのグループを表す特徴とはどんなものなのかを考えます。そして、その特徴を短いキーワードでまとめましょう。伝えるときには自分で決めた3つのラベルで紹介していきます（図2-14）。

　例えば、社員を紹介したい場合、田中さん、菊池さん、栗原さん……と全員を紹介することは現実的ではありません。しかし、全社員を3つに分類して紹介するなら「当社は大きく分けて①営業系、②製造系、③事務系のスタッフで構成されています」のように表現できます。また「①新卒入社②中途入社③合併合流組」と分けることもできます。「①営業系②製造系③事務系」など、分け方によって、同じメンバーでも違う印象になることもあります。

　この例のように、分け方は1種類ではありません。切り口によっては、同じ内容でもインパクトのある分類ができるはずです。

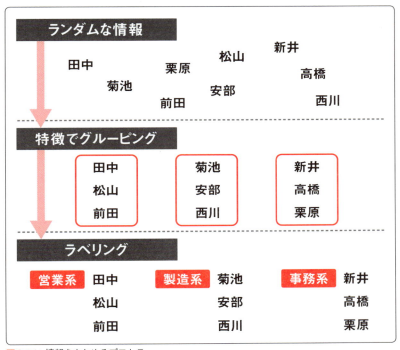

図2-14：情報をまとめるプロセス

　この方法は、商品やサービスなどを分類するときにも使えますが、「①過去②現在③未来」など、時系列の整理にも応用できます。

　伝えたい情報を3つに整理することで、説明を何度も繰り返さなくても相手の記憶にすーっと入り込み、無意識のうちに記憶されるという特徴がありますが、さらに相手の記憶に刻み込むには最初に「これから3つのことを紹介します。AとBとCです」などと宣言してからそれぞれを詳しく説明すると、より相手の理解が深まるでしょう。

Section 11 資料は「作る」のではなく「加工」する

既製品を上手に使おう

　PowerPointでは、手作業では時間のかかることを一瞬で終わらせることができます。それなのにPowerPointを使うことによって手間が増えたり、時間がかかるようになったりしては意味がありません。ここまで、アイデア出しや構成などに使う際のレクチャーや、下準備について説明をしてきましたが、PowerPointのメインは資料作成です。したがって、ここからは資料作成の際に賢くPowerPointを使うためのノウハウを解説していきます。しっかりと使いこなすことができれば、これまでの作業時間が大幅に短縮できるはずです。

　そのためにまず重要なのが、ある程度完成されたものを活用することです。今は資料に使えるようなテンプレートを大量に収録した書籍が数多く市販されていますし、ネット検索すれば無料でダウンロードできるテンプレートもたくさん見つかります。これらはプロがデザインし、フォントや文字サイズもあらかじめ決められているので、文字を入力するだけで素晴らしく見栄えのよいページが完成します。

PowerPointの「テーマ」を活用する

　最も手軽なのはPowerPointの「テーマ」を活用することです。設定されたものから作ることもできますし、自分の作ったページに後からテーマを加えることも可能です。テーマは［デザイン］タブの「テーマ」に並んだ各種デザインをクリックするだけで選択できます（図2-15）。

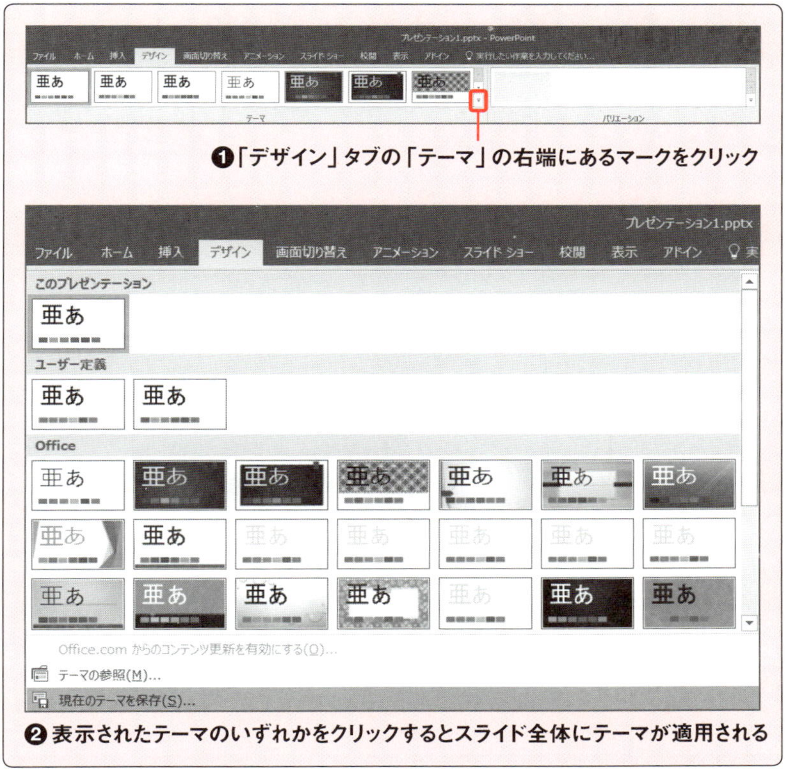

❶「デザイン」タブの「テーマ」の右端にあるマークをクリック

❷表示されたテーマのいずれかをクリックするとスライド全体にテーマが適用される

図2-15：テーマの活用方法

　便利なPowerPointのテーマですが、いくつかの問題もあります。まず、これらは数万人規模の人が使う可能性があるため、ライバルと同じテンプレートを使ってしまうことがあります。これは当然と言えば当然のことでしょう。

　次に、多くのデザインではフレーム（ページの外側の飾り）がつけてあるため、資料の端にレイアウトした文字や図形がフレームと重なってしまうことも問題です。よく見かける失敗例は、フッターに設定したページ番号やコピーライト表記が見えなくなっているケースです。資料の全ページで見えていなければいけないこれらのものが隠れてしまっては困ります。これに対処しようと、フレームを避けて文字や図形をレイアウトすると、今度は使えるエリアがかなり狭くなってしまうのです（図2-16）。

最後に、多くのデザインにおいて濃い背景色が使われているので、P.38で説明したように配布資料には適さないことも問題です。

　このように、最初から用意されているものは手軽というメリットこそありますが、デメリットもかなり多いので、そのまま使うのではなく、既定のものに手を加えたオリジナルのテンプレートを用意した方が、結果的には手間や失敗を減らすことにもつながります。

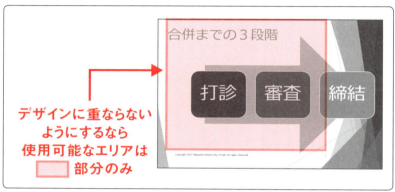

図2-16：テンプレートは使えるスペースが制限される

オリジナルのテンプレートを準備する

　私がおすすめするのは、テンプレートの自作です。自作といっても難しいことは全くなく、PowerPointの機能である「スライドマスター」を活用していきます（図2-17）。

　スライドマスターとは、PowerPoint上のプレゼンテーション全体のレイアウトや書式などのデザインをまとめて設定するための機能で、［表示］タブの中にある［スライドマスター］から設定することが可能です。

　ひとつのプレゼンテーションに対して複数のスライドマスターを設定することができるため、いくつかのテンプレートを使い分けたい際にも重宝します。

　詳しい作成方法についてはP.63で説明しますが、ここではオリジナルのテンプレートにはどのようなものを設定すればいいのかを紹介しておき

ましょう。

　まずはページ番号、コピーライト表記、自分の名前や社名、ロゴなどの基本的な情報です。これがないと、プレゼンが終わった後に採否の検討をされる際、決定に至らないこともあります。

　次に、使用する色です。色は、［デザイン］タブの「バリエーション」から［配色］へと進むと候補が表示されるので、いずれかを選ぶと自動的に文字や図の色を選別してくれます。

　最後に、表紙のタイトルや、各ページのタイトルを入れる位置、フォント、文字サイズなどを決めます。

　これらがオリジナルのテンプレートを作成する際に決めておくべき要素です。一度作ってしまえば、勤務先や部署、取り扱う業務が変わらなければ、当面は使えます。

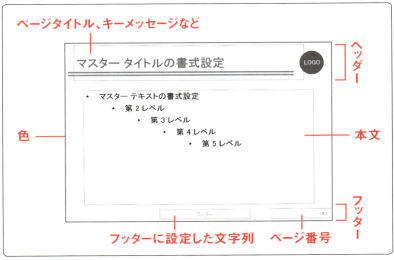

図2-17：スライドマスターで設定できるもの

テンプレートをブラッシュアップする際の注意点

　オリジナルのテンプレートを作成したら、手をつけない箇所と、プレゼンごとに変えていくべき箇所とを決めてブラッシュアップしていきましょ

う。プレゼンに合わせて資料をブラッシュアップしていくのはよいことですが、直前ギリギリの時間まで操作していると、その操作によって新たなミスを作ってしまうこともあります。それによって、絶対に間違えてはいけない箇所にミスが発生してしまっては目も当てられません。

「絶対に間違えてはいけない箇所（＝変更すべきではない箇所）」とは、全体のカラーや部署、氏名などの提出者情報、ページ番号、コピーライト表記などです。これらはどのプレゼンにおいても変わることのない情報だからで、「手をつけない」ようにする箇所です。

一方、プレゼンごとに変えていくべき箇所は、相手の部署や氏名などの宛て名情報、コピーライト表記の年号部分、そして提出日などです。特に提出日に関しては［挿入］タブの［日付と時刻］から「自動更新」にチェックを入れておけば、作業した日の日付と時刻が入ります。直し忘れを防ぐことができるので活用しましょう（図2-18）。

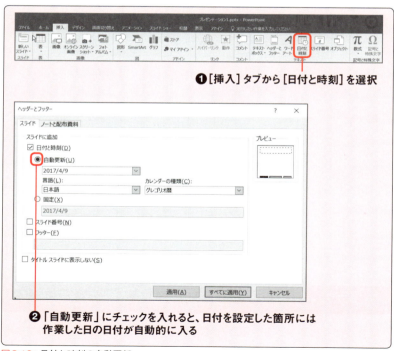

図2-18：日付と時刻の自動更新

Section 12 一覧画面を駆使してページを量産する

少しの工夫で大きな時短に

　前節とも関連しますが、一度作ったテンプレートをベースにしてプレゼンごとに微修正を加えて流用していくだけではなく、ひとつひとつのパーツを流用していくと作業スピードが格段に上がります。

　例えば「商品A」についてのプレゼンをする場合です。「商品A」というキーワードは全ページに共通なので、いちいち文字入力するのではなくとりあえず「商品A」と入力したページをいくつか複製して、続く説明などの文字は適宜入力する方が作業時間は短くなります。スライドのコピー方法はいくつかありますが、たくさん作るときは［表示］タブから［スライド一覧］を選んで作業することをおすすめします。

　この画面上で、あるスライドを選択した状態で［Ctrl］キーを押しながらドラッグするとコピーが作成されます（図2-19）。［Ctrl］キーを押しながら複数のスライドをクリックすれば、クリックしたスライド全てが選択されます。2枚を選択した状態でさらに［Ctrl］キーを押しながらドラッグすると4枚に増えるということです。

　あるスライドを選択した状態で［Shift］キーを押しながらそれより後ろのページにあるスライドを選択すると、途中のスライドが全て選択されます。例えば、3ページを選択して［Shift］キーと7ページをクリックすれば、3ページから7ページまでの5枚が選択された状態になります。似たようなページを大量に作る場合は1枚ずつ増やすのではなく、このように倍々で増やしていくと効率がよいです。

　「スライド一覧」ではない「標準」表示の左側のサムネイル一覧でもコピーや移動は可能ですが、全体を一望できないため、確実かつスピーディーに作業をしたい場合には一覧表示が最適なのです。なお、単にスライドをド

ラッグした場合には、一覧中の任意の位置へスライドを移動させられます。

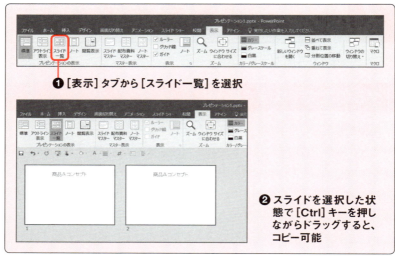

図2-19：スライド一覧画面での作業

その他の量産方法

　PowerPointデータ全体をコピーするときは、デスクトップ上やフォルダ内で［Ctrl］キーを押しながらアイコンをドラッグします。そうすると、「○○（元データの名前）-コピー」という名前の複製を作成できます。

　また、アイコンを選択した状態で［F2］キーを押すと、上書き入力でファイル名を変更できる状態になります。カーソルを動かすことなく入力できるので、わずかですが時短できます。コピーを作成した際には、判別のつくような別名に変えておきましょう。

　そして、最後にファイルAにファイルBのスライドを移動させるときの方法もご紹介しましょう。両方のファイルを起動し「スライド一覧」画面を開いておきます。ファイルBのあるページを移動させたい場合はそれをコピーし、ファイルAの入れたい箇所に貼り付けするだけです。スライドを挿入すると、配色やデザインなどはファイルAのテンプレート設定が反映されるので、意外に重宝する機能です。

Section 13 テンプレートの下準備で余分な作業時間をゼロに

①スライドマスターでテンプレート化

　本項ではP.58で紹介した、オリジナルのテンプレートを作成する際の詳しいフローを説明していきます。

　まずは「サイズ」と「向き」の設定からスタートしましょう（**図2-20**）。［デザイン］タブの［スライドのサイズ］を選択すると［標準］と［ワイド画面］の2つが出てくるので、いずれかを選びます。

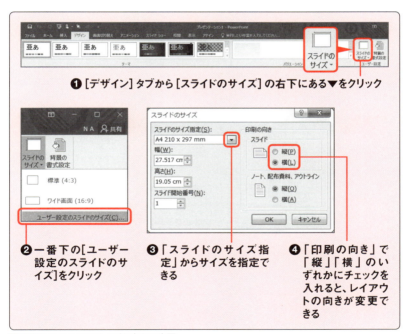

図2-20：スライドのサイズと向きの変更

配布資料の場合も、同じく［デザイン］→［スライドのサイズ］から「ユーザー設定のスライドのサイズ」に進みます。ポップアップから用紙のサイズ、印刷の向きを設定しましょう。

　ここからはスライドマスター機能を使っていきます（図2-21）。［表示］タブから「スライドマスター」の設定画面を開きましょう。スライドマスターの一番上のページに設定した図形や文字は、後続する全てのページにも反映されます。まずはヘッダーやフッター部分と資料の本体部分とを区切る線や図形を挿入しておくとよいでしょう。

　そして、ヘッダーとフッターに情報を設定していきましょう。［挿入］タブから［ヘッダーとフッター］を選ぶと設定画面が開きます。ここのページ番号やフッターの項目にチェックを入れて［すべてに適用］をクリックすると、全てのページに反映されます。

❶［表示タブ］から［スライドマスター］を選ぶ

❷図形や文字を配置する

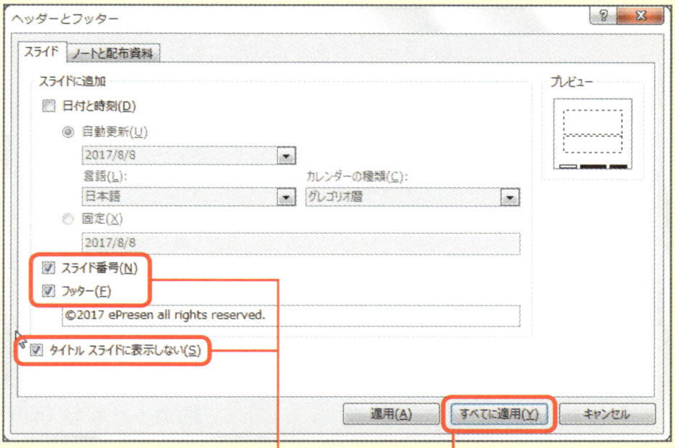

❸ ページ番号とフッターの文字は[挿入]タブの[ヘッダーとフッター]をクリックすると設定画面が開くので「スライド番号」と「フッター」にチェックを入れる

❹ 全スライドに設定するときは、下部にある「すべてに適用」をクリック

図2-21：スライドマスター画面

②不要テンプレートを削除する

　なお、スライドマスターには11種類のレイアウトが用意されていますが、中にはほとんど使わないものも多くあります。例えば、横に長い紙面に縦書きの文字をレイアウトすることはプレゼンの場ではまずありません。

　たくさん並んだ候補から目当てのものを探すだけでも手間なので、不要なものは事前に削除しておきましょう。レイアウトを選択した状態で右クリックし、[レイアウトの削除]を選べば削除できます。

③バランスのよい配色を決める

　資料を直感的に理解してもらうために最も効果があるのは「色」です。しかし、1ページごとに、文字や図形を追加するたびに「どんな色にしようか？」と考えていては時間もかかりますし、その場しのぎの考えで配色を決めてしまってはちぐはぐに仕上がってしまいます。そこで、事前にス

ライド内で使用可能な配色を決めておくと便利です（図2-22）。

図2-22：資料の配色を決定する

　配色は［デザイン］タブの「バリエーション」から決められます。色の組み合わせの候補が表示されるので、プレゼンのイメージや会社カラーに近いものを選びましょう。

　「黄色がかったオレンジ」を選ぶと、オレンジを中心に暖色系の色しかパレットに表示されなくなります。水色やピンクなど、全体のイメージを壊すような色が入り込むのを防げるのでかなり便利です。

　配色には新しいものも組み合わせることができるので、会社や店のコーポレートカラーに近いものを組み合わせて、名前をつけて保存しておくとよいでしょう。

④フォントパターンを決める

　フォントも、ページが変わるたびに見出しや本文で何を使おうかと迷ったり、その都度設定したりでは手間ばかりがかかります。そこで「見出しはこれ」「本文はこれ」と、基本に使うものを決め、特別に強調しなければいけない部分だけ変更していけば作業効率が向上します（図2-23）。

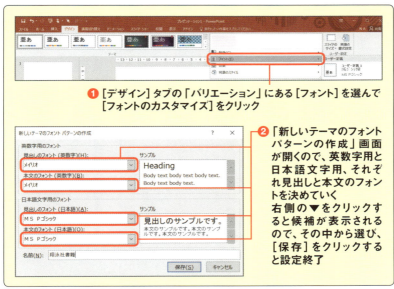

図2-23：フォントの設定方法

　［デザイン］タブの［バリエーション］から［フォント］→［フォントのカスタマイズ］へと進み、「新しいテーマのフォントパターン」を開きます。英数字と日本語に対して、それぞれ「見出し」と「本文」のフォントを選べるようになっているので、設定したら名前をつけて保存しましょう。

⑤図形登録で工数を大幅カットする

　円や四角などの図形を新規作成した場合、既定の色で塗りつぶされ、枠線がついたデフォルト（初期設定）のものが作成されます。しかし、後の章で詳しく説明しますが、図形は枠線がない方が直感的に伝わります。

　したがって、図形を効果的に使うためには色を希望の色に変更したり、枠線を外したりという作業が必要になってしまいます。そこで、デフォルトで作成される図形の色や枠線の色も決めておきましょう（図2-24）。

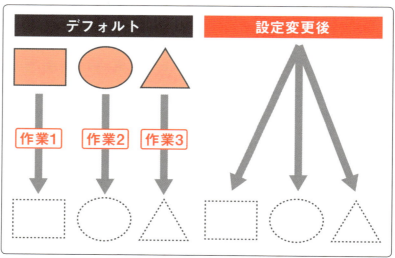

図2-24：一度の設定で作業の工数が大幅に減る

　図形の色は、「③バランスのよい配色を決める」で配色を決めたときと同様に［デザイン］タブの「バリエーション」から［配色］へ進んで変更します。［配色］の下部にある［色のカスタマイズ］から「新しい配色パターンの作成」を開きましょう。図形の塗りつぶしの色は「アクセント1」が使われることになっているので、デフォルトで塗りつぶしをしたい色に変更しておきましょう。

　枠線の色や太さも変更しておくと便利です。図形を選択した状態で右クリックし、［既定の図形として保存］を選択します。設定した、塗りつぶ

しの色やグラデーション、枠線の色、太さが新規で作成する図形に反映されるようになります。

⑥よく使う動作をコマンド登録しておく

通常、PowerPointでの操作は上部のリボンを開いていきますが、よく使う操作は画面左上のクイックアクセスツールバーに登録しておくことで、作業がスピーディーになります。

クイックアクセスツールバーへの設定方法は2種類あります。

まずは個別に設定する方法です。これは、使いたいコマンドの上で右クリックして表示されるメニューの［クイックアクセスツールバーに追加］を選ぶだけです。

2つ目は、まとめて一度に設定する方法です（**図2-25**）。画面の左上にある▼をクリックし「クイックアクセスツールバーのユーザー設定」を開いた後に［その他のコマンド］から「PowerPointのオプション」画面を開きます。「コマンドの選択」から「基本的なコマンド」「リボンにないコマンド」などを選択すると、クイックアクセスツールバーへ追加できるコマンド候補が表示されるので、希望するものを選んで追加しましょう。

さらに「クイックアクセスツールバーをリボンの下に表示する」にチェックしておけば、カラーのアイコンでリボンの下に表示されるので、より使いやすくなります。

人によってよく使うコマンドは違いますが、「テキストボックスの挿入」「図形の塗りつぶし」「文字の塗りつぶし」「枠線の太さ」「配置」「トリミングツール」などはほとんどの人にとって使用頻度の高いコマンドなので、登録しておくことをおすすめします。

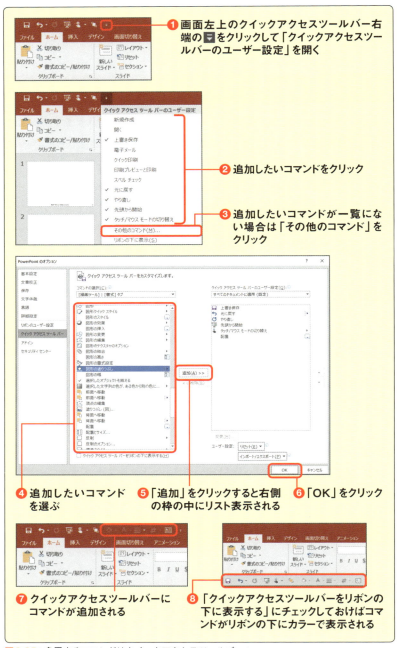

図2-25：多用するコマンドはクイックアクセスツールバーへ

テーマを保存して総合設定終了

　以上、資料作成の前に済ませておくべき6つの設定を紹介しましたが、当然ながらひとつのファイルに設定しただけでは新しく作るファイルには反映されません。

　そこで、設定を終えたらテンプレートとして保存しておきましょう。［デザイン］タブの「テーマ」欄にある■からプルダウンメニューを引き出し、［現在のテーマの保存］を選択し、わかりやすい名前をつけて保存します。

　テーマは何種類でも登録できるので、1次会議用、役員会議用、外部用などと用途に応じて設定しておくと便利です。

Section 14 色味はコピーされることを前提に考える

モノクロでも表現できる

　プレゼンの後、資料はどのように扱われるかを想像してみたことがあるでしょうか。多くの資料はコピーされます。データのコピーであれば、全く同じものが複製されますが、紙の資料の場合はカラーで作ったものでも、モノクロでコピーされることがほとんどです。そうなると、カラーで作ったオリジナルの資料では見えていた画像が見えづらくなってしまったり、図形と文字が重なって読めなくなったりといった問題が起こってしまいます。

　そこで、紙の資料をカラーで作成する場合は、常にモノクロコピーしたときの見た目を確認するように心がけましょう。

　確認は［表示］タブの「カラー/グレースケール」から可能です。さらに念には念を入れたいというときには、実際にモノクロコピーをしてみましょう。

カラーを使わない設定

　カラーのデータは見栄えがよいのがメリットですが、グレースケールにしたときの色味の確認の手間などを考えると、紙の資料の場合は最初からカラーを使わない設定をしておいた方がベターです。

　そこで、［デザイン］タブの「バリエーション」からグレースケールの配色を設定しましょう。設定しておけば、新規に挿入する文字や図形は自動的にモノトーンになります。しかし、これだけでは不十分です。写真やイラストはカラーのまま挿入されてしまうからです。したがって次に、挿入した画像をモノトーンに変える方法を紹介します。

挿入された画像を選択すると自動的に図ツールの［書式］タブが選択されます。この状態で、「調整」から［色］を選択し、色を変更しましょう。いくつもの色調を選ぶことができるので、はっきりと見やすいものを選べばOKです（図2-26）。

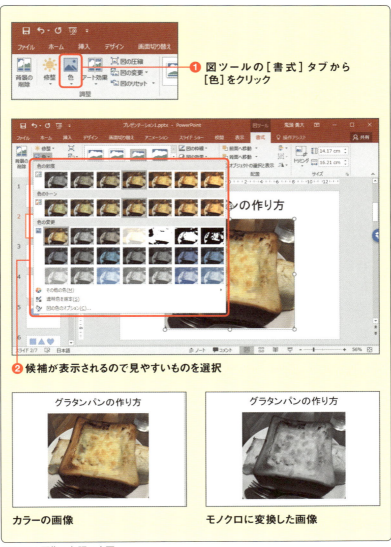

図2-26：画像の色調の変更

Column

用途に沿って1枚当たりのスライド数を調整する

　配布資料としてだけではなく、プレゼンターの台本やスタッフの資料としてもPowerPointで作成したデータを印刷することがあります。その際、用紙1枚にスライド1枚を印刷するのではなく、複数のスライドを印刷すると全体を俯瞰しやすいのでおすすめです。

　1枚に複数スライドを印刷したい場合は[ファイル]タブから[印刷]へ進み「設定」に表示されている「フルページサイズのスライド」をクリックすると、プルダウンメニューから最大9スライドまでを選択できます。

　特に「3スライド」は、スライドの脇にメモを書くための罫線が表示されるので、配布資料としてだけでなく、自分の手元に置いておく資料としても活用できます。

　「4スライド（横）」「4スライド（縦）」とあるのは、左上からスタートしてスライドを横方向に向けて順番にレイアウトするか、縦方向かの違いです。人間の視線は左上から右下へZ字を描くように動く（P.28参照）ことを考えると、左上から右方向にページが並び、下の段へと移っていく「4スライド（横）」を使うことをおすすめします。

Chapter 03

引き算で資料をシンプルにする
STEP1 レイアウト編

本章からは引き算で行う資料作成の具体的なポイントを
ご紹介していきます。
まずは、STEP1 として、
資料のレイアウトを整理することから
始めてみましょう。
レイアウトにひと工夫を加えるだけで、
相手の理解は格段に上がるはずです。

Section 01 [基礎知識] 配布資料の設定

まずは何から設定する？

　P.23で、資料作成はいきなり構成を考えたり文章や図を考えたりするのではなく、まずは「仕様」から決めるべきだと説明しました。

　仕様を決める際に最初に考えるべき要素は「①画面・用紙のサイズ②横位置か縦位置か」の2つです。また「(a) スライドのみ (b) 資料のみ (c) スライド・資料兼用」によっても設定は変わってきますが、より時間短縮できるのは「(c)」の兼用なので本項ではこの場合の基本設定を紹介します。

　なお、会社やコンビニなどのコピー機にセットされている用紙は小さいものから順にB5、A4、B4、A3の4種類が主流ですが、特にプレゼンの場において使用してよいのは「A4」のみです。

　A4サイズならば、手頃なサイズというだけではなく、PowerPointのスライド画面・標準に設定されている「4：3」とほぼ同じ比率なので、スライド用に別途作り替える必要がないことも魅力です（図3-1）。

基本的には横位置で作成する

　縦位置か横位置かに関しては、スクリーンやモニターに映すスライドと兼用するので、横位置が基本です。ただし、当然ながら例外もあります。

　横位置で資料を作っていくと、大きな文字が多くページ数が増える傾向にあるため、ページ数を抑える必要のあるプレスリリースや社内向け企画書などには縦位置がおすすめです。縦位置にすることで、1行当たりの字数が減るからです。横に長い1行で次の行に移るときに別の行を読んでしまうミスも減り、読みやすくなるのです。

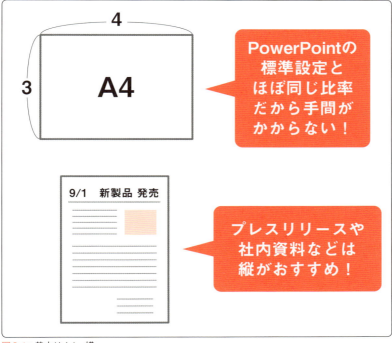

図3-1：基本はA4・横

　余談ですが背景の設定についてもおさらいしておきましょう。P.38では背景は白地にするようにご説明しました。背景に色やゴチャゴチャしたデザインがあると、本来伝えるべき情報を邪魔するからです。注目してもらいたい情報を目立たせるためには白いキャンバスの上に置くのが最も目立ちます。もし、辞書の用紙がカラフルな花柄だったら非常に読みにくいものになるでしょう。それなのに、多くの人はプレゼン資料では背景にカラフルな色を設定したり、にぎやかな柄で装飾したりしてしまいがちです。

　さらに、色が多いと、出力のためにトナーを大量に消費するだけでなく、時間もかかります。もし背景に標準設定のテーマを利用するなら、白地部分が多いデザインを選ぶようにしましょう。

Section 02 [引き算] ビジュアルを「引き算」する

「ビジーな資料」は直感を妨げる

　多くの人がプレゼン資料作成で陥る失敗が「情報過多」、つまり盛り込みすぎです。こうした資料は「ビジー（ごちゃごちゃした）な資料」と呼ばれることもあります。「大勢の人から話しかけられて結局誰の話も聞き取れなかった」、という経験が多くの人にあるはずですが、ビジーな資料はこれと同じことをしてしまっているのです。

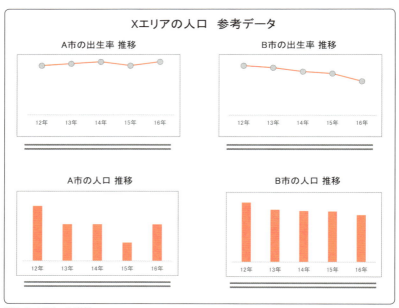

図3-2：ビジーな資料

　プレゼンで重要なのは相手に考える時間を与えないことです。「あれも提示したい、これも伝えておきたい……」と情報を詰め込んだ資料は、相

手に重要ポイントやメッセージを探させることにつながります。これでは余計な迷いを与えてしまい、決定は遠のきます。

　また、多くの情報が雑然としていると、どこを読むべきかわかりづらくなります。例えば、図3-2のスライドを使ってプレゼンする際に、自分は左上にあるグラフについて説明しているのに相手は右上のグラフを眺めているかもしれません。これでは相手をプレゼンに巻き込むことはできないでしょう。

　では、ビジーな資料を解消するにはどうすればよいのでしょうか。

メッセージごとに分割してみよう

　まずは1枚当たりの情報をできるだけ減らすことを意識しましょう。ベストは「伝えるメッセージは1枚につき1点のみ」です。こう決めておくことで、余分なものを資料に詰め込んだり無駄な作業をしたりしてしまう可能性を減らすことにもつながります（図3-3）。

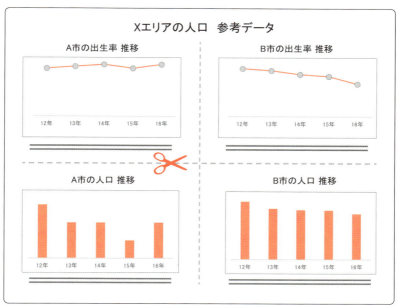

図3-3：ビジーな資料はメッセージごとに分割

1ページ1メッセージを理解したら、次は、そのメッセージごとにページを分割しましょう。図3-3のようにA市とB市について、出生率の推移と人口の推移のグラフなどが混在したページは、まずA市とB市とに分割することができます。さらに出生率と人口もそれぞれ分割できるでしょう。こうすることで、例えば左上のグラフなら「A市の出生率は横ばい」といったように、伝えるメッセージを単純化できます。

1ページ1オブジェクトも守る

また、ページのメッセージと関係ない表やグラフ、図解や写真などもあれこれ入ってくる必要は全くありません。つまり、目指すべきは「1ページ1メッセージ」とともに「1ページ1オブジェクト」です（図3-4）。

図3-4：1ページ1メッセージ・1オブジェクト

ぜひ、このルールを徹底してみてください。「資料を立派に見せるためにもっと情報を増やさなければ……」と頭を悩ますのではなく、ポイントを1点に絞ることが肝要だとわかれば、資料作成はもっと楽になるはずです。

Section 03 [引き算]
オブジェクトを「引き算」する

散在する情報は直感されない

　一般的に伝える情報は少なければ少ないほど伝わり、理解され、記憶されていきます。だからこそ前項では「1ページ1メッセージ」とお伝えしましたが、情報を絞り込むにも限界があります。とは言え、当然、何も考えずに全てを羅列してしまうのはNGです。

```
            ショコラティエ・ド・トキオ
                  お取り扱い店舗

  JR札幌駅 売店      南急百貨店 札幌店     新千歳空港 売店
  北武デパート 仙台店  銀座総本店           東京本店
  新宿本店           渋谷本店             JR長野駅 売店
  名古屋本店         南急百貨店　金沢店    大阪本店
  JR新大阪駅 売店    丸松屋　広島店        南急百貨店　愛媛店
  高知空港 売店      北武デパート 宮崎駅前店 那覇空港 売店
  台湾本店          丸松屋 台北店
```

図3-5：散在している情報

　図3-5を例に考えてみましょう。伝えたい情報が30個あったとしても、「直営店」「百貨店内店舗」「駅や空港の売店」……のように、少なくともいくつかには分類できるのではないでしょうか。このように、まずは情報をグループ化しましょう。30枚あるカードでも3つのグループごとに重ねれば、3枚しかないように見えます。つまり、情報量は減っていないのに、一見すると減ったかのように見せられるのです。

81

見出しがなくても直感できるレイアウト

　関係のある情報をそれぞれのグループに分類したら、整列します。同じグループ内の要素は固めて配置し、グループとグループのスペースを大きく開けることによって、ページ内の要素が整頓されて、減った印象に変わります。

　さらにグループごとに「直営店舗」「百貨店内店舗」「駅・空港売店」などのラベリングをするのも有効ですが、パッと見でグループに分類した意図がわからないような場合でなければ、グループ化した上でレイアウトを工夫するだけでも十分です（**図3-6**）。

図3-6：グループ化→整列でわかりやすく

Section 04 [引き算] 色を「引き算」する

色が勝負を左右する

　ここまで、プレゼンを決定に導くために必要な「相手に考えさせずに直感させる」ための「情報の厳選」や「効果的なレイアウト」について紹介してきました。次に本項では、「直感させる」という意味において最も効果的な要素を紹介します。それは「色」です。

　色の効果は、情報を非言語的に伝えられることです。例えばピンク色を見たときに、多くの人は「かわいい」とか「ほんわか」「やわらかい」といったイメージが直感的に浮かぶはずです。こうした色にまつわるイメージはよく考えて、戦略的に使わないと、思わぬところで思わぬ誤解を生むこともあり得ますし、逆に決定力を何倍にも跳ね上げることも可能です。

　私がおすすめする基本的な色の組み合わせは白地に黒文字です。この組み合わせをベースに考えると、「ここぞ」というときの色が引き立ちます。色は、メリハリがあってこそ効果を発揮するものです。しかし、わかっていながら「ここも大事、あれも大切……」とどんどん色を増やしてしまい、いつの間にか極彩色の資料ができてしまった経験は多くの人に心当たりがあるはずです。

　こうしてできてしまったどぎつい、けばけばしい資料は知らず知らずのうちに相手へ圧迫感やストレスを与えています（**図3-7**）。それだけでなく、安っぽい印象も加わります。ビジネスの場において、ギンギラギンでチープなものが歓迎されることはありません。

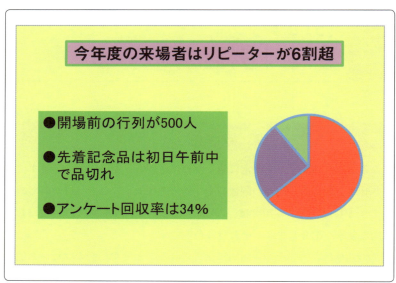

図3-7：極彩色の資料は禁物

使用するのは原則として3色まで

　では、資料で使っていく色の数はいくつが適当なのでしょうか。私の持論は、3色までです。もしかすると少なすぎるという印象を持つ人もいるかもしれませんね。

　ここで、世界各国の国旗を思い浮かべてみましょう。実は、多くの国が3色以内で構成されています。日本に至っては白地に赤と2色です。また、大企業のロゴマーク、コーポレートカラーも多くは2色か3色でデザインされています。例えば「オレンジ・緑・赤」ならセブンイレブン、「緑・白・青」ならファミリーマート。このように、少ない色の組み合わせだけで直感できるのが色のすごさのひとつです（図3-8）。

色を多用しないテクニック

　資料作成の話に戻りましょう。私がおすすめする使う色の数は3色ですが「この3色！」という組み合わせは特にありません。もし会社や学校のコー

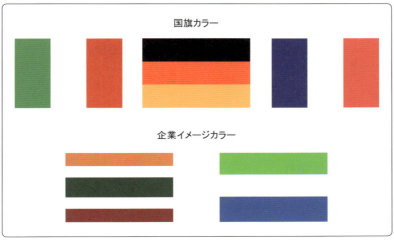

図3-8：少ない色でもイメージを喚起させられる

ポレートカラーが決まっていればそれを軸に考えればいいですし、決まった色がない場合は自分で決めてOKです。

　その際の決め方ですが、自社のコーポレートカラーや相手が好みそうな色、プレゼン内容をイメージさせるような色から選びとよいでしょう。

　もし3色を決めることが難しければP.66で紹介した方法で、あらかじめ準備された組み合わせの中から決めるのもよいでしょう。「青」「オレンジ」など組み合わせを選べば、親和性の高い色だけがセットになっているので不適切な色を選択することもなくなります。

　ところで、本書の色をチェックしてみてください。一部のページを除いて黒のほかには赤系の1色しか使われていません。つまり白黒という基本中の基本とも言える組み合わせ以外は1色しか使われていないのです（図3-9）。

```
今年度の来場はリピーターが6割超

● 開場前の行列が500人

● 先着記念品は初日午前中
  で品切れ

● アンケート回収率は34％
```

図3-9：濃淡を駆使すれば少ない色でも十分

　それでも「地味」とか「暗い」といった印象は持たなかったのではないでしょうか。つまり、色が少なくても濃淡で工夫し、黒も、水色やグレーに見えるような淡い黒から濃い黒までを使い、赤も様々な濃さの赤を使うことで、もっと多くの色を使っているように見せているというわけです。

　3色と聞くととても少ないような印象ですが、このようにうまく使えば、バリエーション豊かな表現が可能なのです。それに、際限なく色数を増やしていては使う箇所によってその都度どういう色を使うべきか迷ってしまい、手間も時間も無駄です。

　したがって、資料中の色は3色以内で済ませるだけでなく一度色を決めたら、決めた色以外は絶対に使わないようにするとよいでしょう。これを守らないと「シンプル」からも「決定」からも遠のいて損するばかりです。

↑＝赤、↓＝青の原則を守る

　細かいテクニックの話になりますが、数値が上昇していたり下降していたりすることを「強調」するために色を使う場合には、「赤」と「青」の2

色をベースにしましょう。

　経済のニュースを見るとわかりますが、多くの為替レートで円の数値が上がったら「＋12円」とか「↑23円」のように赤色が使われます。逆に下がれば「−7円」「▼17円」というふうに青色が使われています（図3-10）。また、今や経済の話題でなくても、「上昇」「増加」「プラス」は赤色で、「低下」「減少」「マイナス」は青色（または緑色）で表されることが多くなっています（ただし、会計事務所などでは「赤字」という言葉の連想から、マイナスを示すものに赤を使うこともあるようです）。

　相手の直感的な理解を促すという意味でも、ビジネス界の「常識」に則り、「増えるは赤」で「減るは青」という基本をしっかり守りましょう。上手に使えば、「増加」や「増えた」という言葉を使わず、色だけで意味を理解させることができます。つまり、この2色を戦略的に使うだけでも相手が読んだり考え込んだりするプロセスを排除し、直感的に理解してもらえるのです。

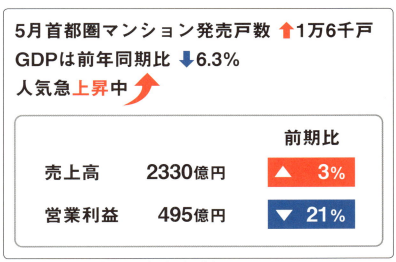

図3-10：数字の変化を強調する場合は赤と青が基本

Section 05 ［引き算］行間を「引き算」する

行間にメリハリをつければ理解が早い

行間が均等な例
（行間1行30pt）

　ABE不動産が品川駅東側で計画している70階建ての高層ビルプロジェクトが始動した。ノース、サウス2棟あるうち、10日はノース棟が着工した。
　上層15フロアはシンガポール資本のホテルチェーンが占める。また、全体の 30フロアはインターネットプロバイダ大手のABCが本社移転を予定している。
　その他にはフィットネスジムやこども園も入居し、「オフィス・ライフ・バランス」をテーマに掲げる。完成は2020年3月。

行間を詰めて空白行を入れた例
（行間1行22pt）

　ABE不動産が品川駅東側で計画している70階建ての高層ビルプロジェクトが始動した。ノース、サウス2棟あるうち、10日はノース棟が着工した。

　上層15フロアはシンガポール資本のホテルチェーンが占める。また、全体の30フロアはインターネットプロバイダ大手のABCが本社移転を予定している。

　その他にはフィットネスジムやこども園も入居し、「オフィス・ライフ・バランス」をテーマに掲げる。

　完成は2020年3月。

図3-11：行間をうまく使えば印象が変わる

　PowerPointで文字を入力する際にはテキストボックスやプレースホルダーに入力していきます。当たり前のことですが、文字を入力して行から溢れたら自動的に次の行に流れていきます。また、［Enter］キーを押すと改行して入力できます。
　文字を入力する際に心がけるべきことは、スペースの中に文字を詰め込みすぎず、しっかりと余白を作ることです。
　そこで基本となるのが、区切りたい箇所に文字のない行（空白行）を挿入するという方法です。
　これは簡単で、段落ごとに、ひとつの段落が終わればひとつ空白行を挿

入し、段落と段落との間にひと目で区切りだと直感できるスペースを挿入するだけです。たったこれだけで読み手の負担が大きく減ります（図3-11）。

行間を減らしてスッキリ読ませる

　また、ただ行間を増やすのではなく、行と行との間隔を調整し、行間スペースを引き算してメリハリをつけるのも有効です（図3-12）。行間は［ホーム］タブの［行間］からプルダウンメニューで「1.5行、2.0行……」といった形で0.5行ずつ調整できます。さらに小さな間隔で調整したい場合にはプルダウンメニューから［行間のオプション］を選択し、「行間」を［固定値］にすると「pt（ポイント）」という約0.35ミリの小さな単位で行間を設定できます。
　この機能を活用し、余分な白紙部分を引き算することで、メリハリをつけていきましょう。

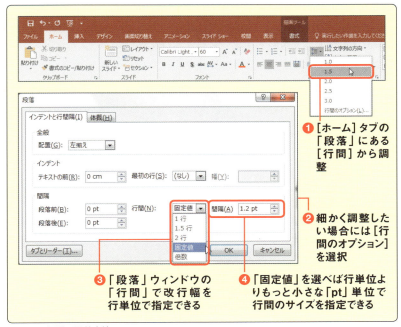

❶［ホーム］タブの「段落」にある［行間］から調整

❷細かく調整したい場合には［行間のオプション］を選択

❸「段落」ウィンドウの「行間」で改行幅を行単位で指定できる

❹「固定値」を選べば行単位よりもっと小さな「pt」単位で行間のサイズを指定できる

図3-12：行間の調整方法

Section 06 [引き算] 文字の種類を「引き算」する

種類が多いとフォント、サイズもノイズになる

　スライドにも配布資料にも必ず登場するのが「文字」です。伝えたいことが山ほどあると、一面が文字満載の真っ黒になりがちです。文字が多いと打ち込む手間もかかり、作るのも大変ですが、受け取った側も長々と読み進むストレスは相当なものです。このストレスをなくす方法は2つあります。

　ひとつは、シンプルですが「文字量を減らす」ことです。しかし、どうしても切り捨てられない情報を盛り込んでいくと、なかなか文字数を減らせないこともあるはずです。

　そこで、もうひとつの重要な方法が「読みやすいスタイルを提供する」ことです。結果として膨大な量の文章になった資料も、スタイルを工夫することで読みやすくさせることは可能です。

　まず、文字のスタイルに一貫性を持たせましょう。具体的には、文字のフォントとサイズに一定のルールを作るのです。こうしたルールの統一で、膨大な文章なのに読みやすいということを実現している身近な例としては、新聞があります。新聞は「見出しのフォントは○○で、大きさは△ポイント」「本文のフォントは□□、大きさは××」というルールが徹底されています。つまり、見出しであれば見出しで、本文であれば本文で、最初から最後まで同じ種類・大きさの文字がレイアウトされているのです。プレゼン資料でも、確実に最後まで読んでもらうためにはこの原則を活用しましょう（図3-13）。

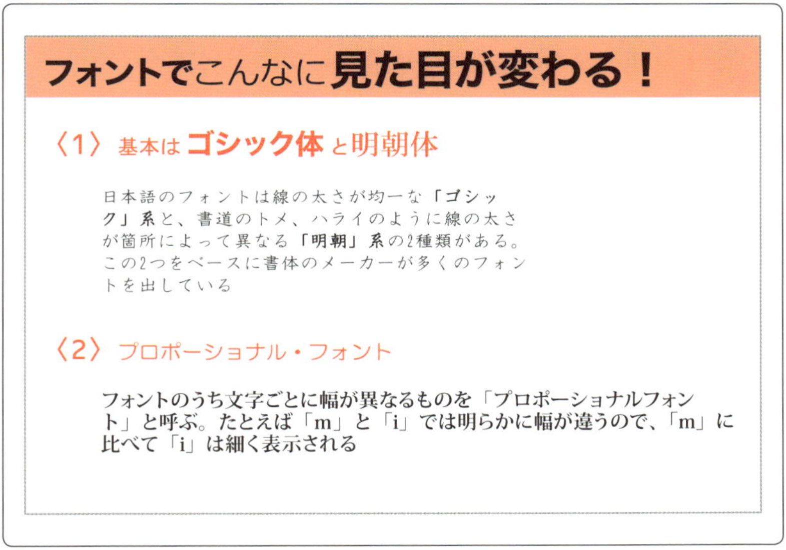

フォントでこんなに見た目が変わる！

〈1〉 基本は**ゴシック体**と明朝体

日本語のフォントは線の太さが均一な「**ゴシック**」系と、書道のトメ、ハライのように線の太さが箇所によって異なる「**明朝**」系の2種類がある。この2つをベースに書体のメーカーが多くのフォントを出している

〈2〉 プロポーショナル・フォント

フォントのうち文字ごとに幅が異なるものを「プロポーショナルフォント」と呼ぶ。たとえば「m」と「i」では明らかに幅が違うので、「m」に比べて「i」は細く表示される

図3-13：フォント、大きさがバラバラだと読み手のストレスに

フォントも3種類で十分

　フォントの種類は極力減らすようにしましょう。
　本書を考えてみます。メインは①項目タイトル、②見出し、③本文と3種類です。一見少ないように感じるかもしれませんが、色と同様に3種類あれば十分と言えます。フォントが少なくても、色と大きさの組み合わせや効果を使えばバリエーションは無限大に広がります。

サイズも3種類に

　最後に、文字の大きさです。文字の大きさを変える最大の理由は強弱をつけるためです。
　このことを考えたとき、もし大きさが1〜10まで10種類もあったとして、それぞれの差は微々たるものであまり意味がありません。反対に、大・中・小といった区別なら差が誰にもわかるはずです。すると、文字のサイズも最低限3種類あれば十分なのです（**図3-14**）。

フォントであれ、大きさであれ、重要なのは細かい変化を見せるのではなく、メリハリを意識して効果を見せることです。そう考えると、いくつものバリエーションを用意してゴチャゴチャさせてしまうよりも、極力シンプルにして「ここぞ！」というときにだけ変化を見せるのが、決定力に近付くコツだと言えるでしょう。

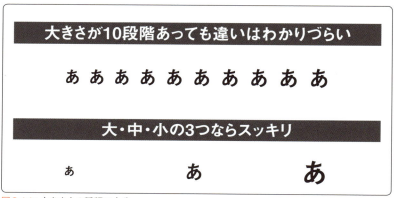

図3-14：大きさも3種類で十分

Section 07 [引き算] 線を「引き算」する

線の4つの役割

　資料の中では「線」をよく使いますが、色や文字と同様に、あまりにも多いとこれまた見づらい資料となってしまい、相手に無用なストレスを与えてしまいます。

　線を多用することで、資料がまさにノイズだらけになってしまうのです。そこで、資料中の線も引き算していきましょう。

　そもそも、線にはどんな役割やメリットがあるのでしょうか。分類してみると、大まかには次の4つの目的で使われています（**図3-15**）。

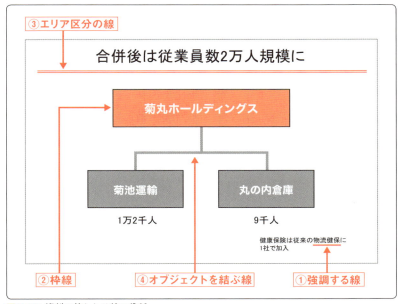

図3-15：資料に使われる線の役割

①強調
②枠
③エリアとエリアの分割（整理）
④オブジェクトとオブジェクトを結ぶ

強調に下線は使わない

　分類した中で最も不要なものは「強調」のために使われる線です。特に、文字の下に引く線（＝下線）は極力省きましょう。資料によっては下線だらけで、いったいどこが本当に重要なのかが判断できないものもあるくらいです。したがって、重要な情報の中でも優先順位をつけることを心がけましょう。そうすることで、シンプルかつ決定力の高い資料になります。

　強調をするにしても、下線を使うのは最終手段にするべきです。フォントや大きさ、色などを駆使し、パッと見の情報量を減らすことが重要です（図3-16）。

地震の際の行動ポイント
（1）地震時
物体が倒れてこない空間で身を守る。10階以上の建物では大きな揺れに注意する
（2）地震直後
火を止め、出口確保のため、玄関・窓を開ける。ガラスの破片でケガをすると避難に支障が出るため布や袋で足を覆って行動する
（3）地震後
情報収集して、火災や津波などから避難する。自分の安全が確保できたら、協力しあって倒壊家屋から下敷きになった人を救出する

地震の際の行動ポイント
（1）地震時
物体が倒れてこない空間で身を守る。**10階以上の建物**では大きな揺れに注意する
（2）地震直後
火を止め、出口確保のため、**玄関・窓を開ける**。ガラスの破片でケガをすると**避難に支障が出る**ため**布や袋で足を覆って行動する**
（3）地震後
情報収集して、**火災や津波などから避難する**。自分の安全が確保できたら、協力しあって**倒壊家屋から下敷きになった人を救出する**

図3-16：強調の下線は色やフォントで代用

ノイズになる枠線を外す

次に不要なことが多いのが、図形の外側につく線、いわゆる「枠線」です。PowerPoint上で図形を作成すると自動的に線がついているのではないでしょうか。枠線のある図形は、ない図形に比べて強調されて見えてしまいます。意識していなくても「この図形に注目してください」という意味合いが付与されてしまうのです。図形を強調する意味がある局面ならつけるべきですが、そうでないなら線は消しましょう。

その際、いちいち枠線を外していくのは手間も時間もかかるので、最初から枠線のない図形が作成される設定にしておくと時短につながります（P.68参照）。ちなみに、PowerPoint上で図形を作成する際にデフォルトで塗りつぶしと枠線の作成がなされるのは、無色透明だと図形をどこに作成したかわからないからですが、もし枠線をなくしても、塗りつぶされていればどこに作成したかわかるので、問題ありません（図3-17）。

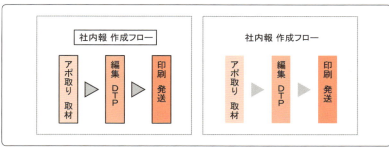

図3-17：意味のない枠線は極力外す

表の枠線にも注意

プレゼン資料によく登場する「表」にも枠線がたくさん使われます。この「表」からも、徹底的に不必要な線を引き算していきましょう。

枠線は、「280円」とか「35％」といった本来アピールしたい情報を目立たなくするノイズになってしまうのです。罫線を引きすぎることで、動物園で生きた鳥やウサギを金網越しで見させるような見づらい状態を作っ

てしまっているので注意しましょう。

　表の枠線はPowerPointで作成・挿入したものには少ないですが、Excelで作った表を貼り込んだり、自分以外の誰かが作った表を挿入したりした資料で特に目立ちます。この場合、作成された線を間引く作業が必要になります。

　では、消すべき線とは表のどこにある線なのでしょうか。まずは列を区切る縦線です。これは多くの場合、省略しても問題ありません。

　逆に残すべきなのは横線で、その中でも上部にある項目行とデータ行とを分割する線、各行の個別の数字と最下部の合計数字を示す箇所を区切る線など、異なる要素を隔てる線は重要です。つまり、「この線の上と下は違う種類の情報です」とアピールしたいときには線を引いていきます。

一貫したルールで線を引く

　最後に、オブジェクト同士を結ぶ線も、多用するとノイズになる可能性があります。

　オブジェクト同士を結ぶ線のうち、特にノイズになる線は「向きを無視して縦横無尽に引かれたもの」です。

　線は［Shift］キーを押しながらドラッグすると、直線なら水平、垂直、斜め45度方向にしか引けません。この範囲の中で引くようにすると、線の向きが統一され、フリーハンドで引いたものとは大きく印象が変わります。また、平行する線は同じ長さに揃えることで統一感が生まれ、線に持たせた意味合いがダイレクトに伝わるようになります（図3-18）。

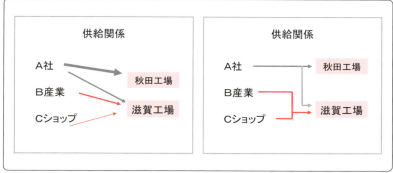

図3-18：角度や長さを揃えるだけで印象は変わる

本来の意味を見失わないように

　資料において「線」というものは、本来より見やすく、よりわかりやすくするために用いられるものです。それなのに、よりゴチャゴチャとさせてしまっては使う意味が霧消します。常に「この線は何のために使うのか」ということを明確にし、必要最低限で最大の効果を得られるような線の使い方をしましょう。

Column

整然とした資料は信頼される

　突然ですが、「図地反転図形」というものを見たことはあるでしょうか。図地反転図形の代表的なものは「ルビンの壺」で、黒い部分を見ると人が向かい合っている図、白い部分を見ると壺に見えることで知られています。芸術作品などであれば、こうした多層的な解釈ができる作品もよいでしょう。

　しかし、あくまでプレゼンはメッセージを伝えて相手から「イエス」を引き出すのが目的。人によって意味が異なって伝わってしまったり、どこを見ればよいのかと視点が定まらなかったりするデザインでは困ります。

　こうしたことを防ぐため、紙面は全面を使うのではなく上下左右の四辺に余白をとって、情報が表示されている部分を確実に認識できるようにしましょう。こうすることにより、額縁のように外側に何も情報のない部分が生まれ、中にある情報が際立ち、どこを見るべきかが一瞬でわかる資料になります。

　その上で、最後の決め手として、文中で空白（スペース）を上手に使うことで、区点（。）読点（、）中黒（・）など紙面をビジーにする要素を使わずに情報を伝えることができます。

　例えば、「東京工業大学大学院理工学研究科」という表記の場合、ただ単に記述すると長々しく、どこかで区切りたく感じます。そこで、区切るとするなら「大学」と「大学院」、「理工」の間だろうと考え、「東京工業大学・大学院・理工学研究科」と中黒で区切るだけでは不十分です。長々しい単語を区切りつつビジーな資料を回避するためには、半角スペースを活用しましょう。半角スペースなら「東京工業大学 大学院 理工学研究科」となり、情報がビジーになってしまうことがなく、キレイに整理されます。

Chapter 04

引き算で資料をシンプルにする
STEP2 図表編

資料のレイアウトを引き算してシンプルにしたら、
いよいよ図表に着手しましょう。
図表は、相手に情報を直感的に理解してもらうために
必要不可欠です。
文字ばかりの資料では、相手は読む気をなくしてしまいますし、
何より考える「隙」を与えてしまいます。
プレゼンの決定力を高めるために重要なことは、
相手に考える隙を与えず、直感的に理解してもらうことです。
グラフ・フローチャート・イラストなどを駆使しながら
プレゼンの決定力を極限まで高めていきましょう。

Section 01 [基礎知識]
ビジュアルの意味合い

ビジュアルには息抜き・視線誘導効果がある

　プレゼン資料において、文字だけでなくイラストや図表などのビジュアル要素を使っていく主な理由は「直感的に理解してもらう」ためです。文字を読んで理解するには、頭の中に取り込んで、構造を把握して再度自分で組み立てるプロセスが必要です。一方でイラストや図解などのビジュアル要素は、見ただけで理解できるものがほとんどなので、情報を理解するのに必要なプロセスを大幅に短縮できます。

　また、ビジュアル要素、特に図やイラストには「息抜き」と「視線誘導」の効果もあります（図4-1）。文字ばかりがギッシリと詰まった表現は、見ただけで嫌気が差す人がほとんどなのではないでしょうか。その中にイラストや写真などがあれば、そこに目が奪われ釘付けになるはずです。こうしたことから、一般的にビジュアル要素はページ上部や行頭などの読み始めてほしい箇所に配置するのが基本です。

　それでは、ここからは図表を中心としたビジュアル要素のこうした効果を何倍にも引き上げ、プレゼンの成功に直結するテクニックを紹介していきます。

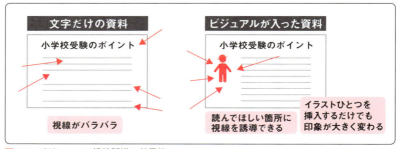

図4-1：ビジュアルは視線誘導に効果的

Section 02 [基礎知識]
レイアウトをサポートするツール

Chapter 04 引き算で資料をシンプルにする STEP2 図表編

ガイドラインを表示して作っていく

　読み手の理解の速度を上げるために、図表や写真などは一定のルールでレイアウトしていきましょう。「一定のルール」とは、例えば「画像は左端のラインで揃え、縦に等間隔に配置する」といったようなものです。

　複数の図形を整列させるときは、まず基準となる図形を決めて、それ以外の図形をドラッグして近くまで動かします。すると、線の位置や間隔がキレイに整う地点になると赤い点線の「スマートガイド」が画面上に表示されます。これが表示されたときにドラッグを止めれば、図形の位置が揃った状態になります。

　しかし、ちょっと動かしてずれただけでスマートガイドは表示されなくなるので、作業していると段々とイライラしてくることもあるはずです。そこで私のおすすめは「ルーラー」、「グリッド線」、「ガイド」です。これらをうまく使えば、スマートガイドへのイライラもなく、作業時間も短縮できます。

　これらは全て［表示］タブの「表示」グループにあるので実際の制作作業を開始する前にチェックを入れておくとよいでしょう（図4-2）。

「ガイド」は何本でも引ける

　「ルーラー」は、チェックを入れると画面上部と左側に表示され、水平方向、垂直方向の中央からの長さを定規のように示す機能です。「中央から3目盛りの場所に図形の縦線を合わせる」ときなどに使います。

　ルーラーよりさらに使う頻度が高いのは「グリッド線」や「ガイド」でしょう。

[表示] タブから [ガイド] にチェックを入れると画面の縦と横のそれぞれ中央に線が入ります。また、この中央のガイド線を選択した状態で [Ctrl] キーを押しながらドラッグすれば何本でもコピーできることも覚えておきましょう。

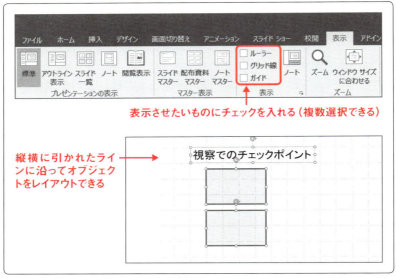

図4-2：ルーラー、グリッド線、ガイドの設定

形状も1種類に統一する

　図形や写真、イラストなどの各要素はどこかのラインを基準に整列することも大切ですが、整列してもそれぞれの形やサイズがバラバラでは揃った印象にはなりません。そこで、形とサイズも揃えましょう。

　その際は、あらかじめ適当なサイズに揃えた図形を作っておき、複製して配置したものの中に画像を埋め込んでいく方法がおすすめです。

　同じ形、サイズの図形を選択した状態で [書式] タブの [図形の塗りつぶし] から [図] を選び、埋め込みたいものを選択すると挿入されます。サイズの揃った画像を量産できるので、これを整列させれば、完璧なレイアウトになります。

Section 03 [基礎知識] 最も力を入れるのは表紙

表紙で結論を伝えてもよい

P.51で「結論は最初に伝えましょう」と説明しましたが「最初」とは本文が始まるページのことではありません。「表紙」こそが最初です。

表紙の見た目、タイトルで「いい」「好き」「私の役に立ちそう」と思われなかったり、プレゼンの内容と関係なかったりすれば、ページをめくってもらうことはないと考えましょう（図4-3）。言葉を換えれば、表紙こそがプレゼン資料の中で最も力を入れるべきところなのだと言えます。

図4-3：納得・決定が遠のく表紙

ではどうすればよいのでしょうか。まずは、相手が「これは読まなくては」と思うようなベネフィットが入った結論をタイトル化して表紙に入れることが重要です。例えば「来期の集客案 企画書」ではなく「来期の来

場を1.5倍にする SNS集客のご提案」というように、より具体的な内容を表紙の時点でアピールします。このタイトルなら「集客が1.5倍になる」というベネフィットと「SNSを使う」という内容が両方伝わり、冒頭から相手の興味を引くことができるのです。

表紙には内容がイメージできるビジュアルを使う

　なお、相手側からの禁止がない限り、表紙にもビジュアル要素をレイアウトすることができます。家電のパンフレットなどを思い出してみてください。表紙には必ずと言っていいほど製品の写真が入っているものですが、プレゼン資料も同じことです。

　また、どれだけ洗練されたデザインでも、内容に無関係なものでは「納得」や「決定」を引き寄せることはできません。したがって表紙には結論やメッセージをイメージできる要素を入れていきましょう（図4-4）。

図4-4：具体性や内容との親和性を持ったビジュアルを活用

Section 04 [基礎知識] データを「引き算」するのがグラフ

数字の羅列はグラフで見せる

　数多く並んだデータを集約してひとつのビジュアルで見せる方法はいくつかありますが、その代表的なものがグラフです。

　ある店舗の売上データなどが一覧表になったものがある場合、それに全て目を通して、どこの数字が問題なのか、素晴らしいのか考えるというプロセスは相手に多大なストレスをかけてしまいます。こうした相手への負担をなくし「こういう動きになっています」「この部分を見てください」と可視化したものがグラフなのです（図4-5）。

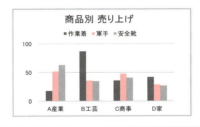

図4-5：直感させたいなら表よりもグラフがおすすめ

　もし、膨大な数値が存在するプレゼンならば、まずはグラフで見せることを考えましょう。相手の負担をなくし、視覚に訴えるビジュアルがあれ

ば秒速でプレゼンの直感的な理解と決定を導き出せるようになります。

グラフも3種類で十分

　グラフと言っても数多くの種類があります。その中でも、学校の授業で習うこともあり、私たちに最も馴染みがあるのは「(縦) 棒グラフ」、「折れ線グラフ」、「円グラフ」などでしょう。これ以外にも、全体のバランスが直感できる「レーダーチャート (蜘蛛の巣グラフ)」、相関関係がわかる「散布図」、株価の値動きを見る「ローソク足チャート」など数多くありますが、プレゼン資料で使うのは最初に紹介した「棒」「折れ線」「円」の3種類だけで十分です（図4-6）。

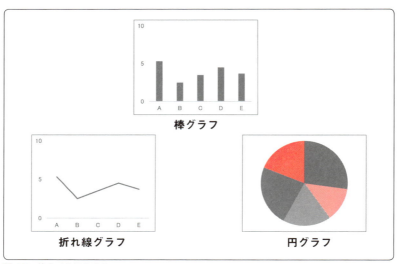

図4-6：使うべきはこの3つ

　なぜなら、紹介したように多くの人が見慣れているからです。不慣れな表現というのは、よく読み、考えれば理解できないものではありませんが、プレゼンを成功させるには相手に読ませ、考えさせてはいけないのです。したがって本書では、基本的に棒グラフと折れ線グラフ、そして円グラフの3つをおすすめします。

Section 05 ［基礎知識］
数量を比較するなら棒グラフ

数量を軸の長さで直感させる

　棒グラフは個別の要素の値や量を棒の長さで比較するグラフです。この棒グラフは、多くは国別、支店別、個人別などで「数量」を比較する際に使っていきます。PowerPointで作成する際には［挿入］タブの［グラフ］に表示される候補の中から選んで作るのが基本です。その中でも私のおすすめは、最もシンプルな棒グラフである「集合縦棒」です。

見せたい箇所をアピールするテクニック

　初めに、棒グラフに限らず、グラフ作成時に注意したいのは「手段の目的化」です。メッセージを伝えるためにグラフを見せるわけなので、グラフは当然メッセージを発信していなくてはいけません（図4-7）。したがって、「このグラフによって何を伝えたいのか」ということを常に念頭に置き、最適な見せ方で作成するようにしましょう。もし数字の大きさに注目してもらいたいのであれば、左から右に数値を降順（大→小）にして見せるなどがベターな方法です。

　その上で棒グラフを作る際にまず気にするべき点は「ノイズ」です。特に、過度に細かい目盛りは相手をイライラさせる要因です。目盛りはある程度大きな単位で振りましょう。あくまで目盛りは飾り的なもので、重要なのは何より「棒」なのです。また、棒についてですが、P.95で説明したように枠線はノイズになるため取り払いましょう。

　こうして「引き算」していき、最後の最後にアピールしたい箇所を強調します。強調の方法ですが、棒の色を変更する、ラベルの字の大きさや色を変更する、吹き出しで説明するなどの基本的なことで十分です。徹底的

にノイズを引き算したからこそ、これだけで十分な強調になるのです（図4-8）。

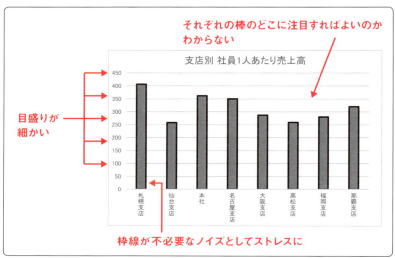

図4-7：どこに注目すればよいのかわからないグラフ

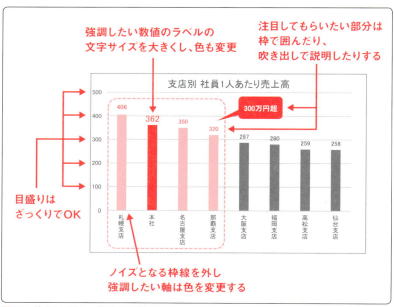

図4-8：注目してほしい箇所は明確に

Section 06

[基礎知識]
数値の動きを見せるなら折れ線グラフ

Chapter 04
引き算で資料をシンプルにする STEP2 図表編

折れ線グラフは勾配が命

　折れ線グラフは日付や時間など時系列で数値の「動き」を表すことに適したグラフです。例えば、時間ごとの気温や来場者数の推移を見る際によく使われます。

　折れ線グラフは個々のデータよりも「右肩上がり」や「横ばい」といったような、数値の「動向」を見るものです。そう考えると重要なのは「線の勾配」です。データは同じでも「増えた」ことを伝えたいのか、「変化がない（＝横ばいである）」と伝えたいのか、ということを考えながらグラフを作成していきましょう。

　例えば、食事療法中の体重の推移をグラフにする際は「目盛りの始点を0、最大値を70」に設定しても、体重の変化は数キロ単位なため、直線に近いグラフとなってしまいます（図4-9）。勾配を強調させたい場合は始点を50に変えるなどするとより効果的になります。

見せたい箇所をアピールするテクニック

　棒グラフと同様、折れ線グラフでもまずはノイズを取り払うのが基本です。PowerPointでグラフを自動作成すると最初から「目盛り線」が設定されていますが、目盛りから数値を読み取るのはストレスになるので、思い切って外してしまいましょう。個々のデータの数値は、目盛りではなくマーカーやラベルで表示するとわかりやすくなります。

　その上で「この折れ線グラフがどういった傾向を示しているのか」というメッセージを直球で伝えるための補助線的な矢印を配置すると、ひと目で伝わるようになります（図4-10）。

109

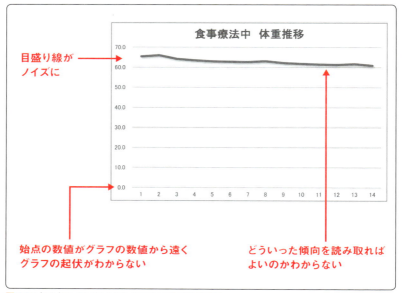

図4-9：何を伝えたいのかがわからない折れ線グラフ

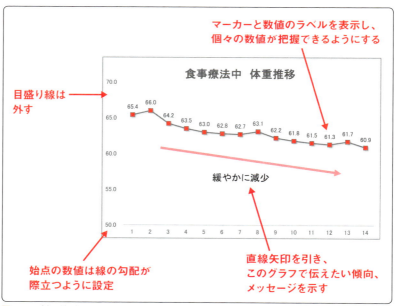

図4-10：折れ線グラフで伝えるべきは「推移」

Section 07 ［基礎知識］割合を見せるなら円グラフ

Chapter 04 STEP2 図表編 引き算で資料をシンプルにする

面積の広さで伝える円グラフ

　円グラフは、データの「割合」を比較することに最適です。各種グラフの中でも塗りつぶし面積が一番広く、数値の「量」が誰の目にも直感的にわかるからです。多くの人に馴染みのあるものだけに、何かミスを起こすと発覚しやすいグラフでもあります（図4-11）。

　基本的なことですが、円グラフには「時計の正午の位置から時計回りに大きいデータから小さいデータを降順にレイアウトする」という世界共通のルールがあります。また、当然ですが割合の合計が必ず100％になります。

見せたい箇所をアピールするテクニック

　円グラフを作成する際に注意するべき点も、ここまで紹介した棒グラフや折れ線グラフと同じです。つまり、余分なデータを徹底的に引き算していきます。

　盛り込みたいデータが多い場合には、数値の小さいもののいくつかを「その他」としてまとめてしまうことなどがまず考えられます。項目数が多いと、グラフの強みである「直感性」が下がってしまうからです。

　こうしてデータを引き算したら、伝えたいメッセージを強調するために加工をしていきます。

　まず、データの要素名と割合は、凡例として別に表示するといちいちグラフと見比べなければならないため、グラフの近くにそれぞれをレイアウトするのが基本です。

　さらに、グラフの中でも特に注目してほしいパーツは、円から切り離してみると、より直感的に理解できるグラフとなります（図4-12）。

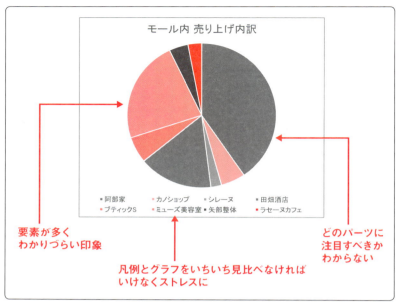

図4-11：どこがポイントかわからず困惑するグラフ

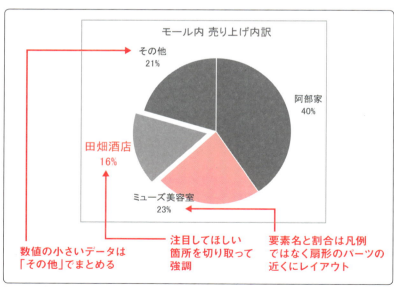

図4-12：直感的に理解しやすい円グラフ

Section 08 [基礎知識] 感情に訴えるなら絵グラフ

直感性が高い絵グラフ

　ここまで棒グラフ、折れ線グラフ、円グラフと紹介しましたが、最後に「絵グラフ」を紹介します。絵グラフとは、大まかには棒グラフの一種で、棒ではなくイラストの数で数値の大きさや量の多さなどを表現するものです。棒グラフよりリアリティがあって、相手により強く直感的に訴えかけることができます（図4-13）。

　絵グラフというもの自体は以前からありましたが、最近ではPowerPoint上でも手軽に作れるようになり、利用者が増えています。

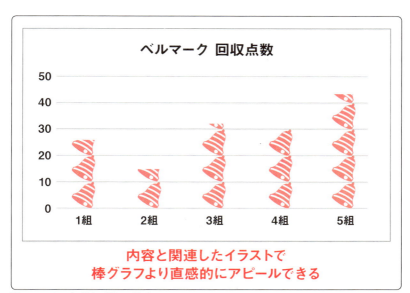

図4-13：より直感性に優れた絵グラフ

軸をイラストで塗りつぶす

　PowerPoint上で絵グラフを作る方法を説明します。まずは基本となる棒グラフを作成し、棒の部分をイラストに変更します。

　グラフ上の棒を選択すると画面右側に［データ系列の書式設定］ウィンドウが表示されます。上部にあるバケツアイコンの［塗りつぶしと線］をクリックし、下に出てくる一覧から「塗りつぶし（図またはテクスチャ）」をチェックしましょう。そして「図の挿入元」から［ファイル］を選択し、絵グラフに使用したい画像を選び挿入すると、画像がグラフに表示されます。この状態ではイラストが縦長に表示されてわかりづらいので、より直感的にするには小さなイラストが何個も積み上がるように「積み重ね」にチェックを入れるとよいでしょう（図4-14）。

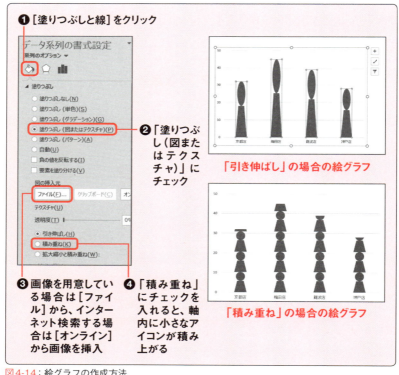

図4-14：絵グラフの作成方法

関連性のあるイラストで直感させる

　グラフでは読み手にメッセージを瞬時に直感させることが目的なので、絵グラフに使うものはグラフで伝えたいメッセージと関連性のあるものを準備するのが鉄則です。例えば、人口や人数に関係するグラフなら人型のシルエットが適しています。

　ちなみに図4-14で使ったものは円と台形を組み合わせて自作した画像です。このように、絵グラフに使うイラストは簡単な図形の組み合わせで自作できます。

　手間と時間を省略したい場合には「図の挿入元」を選択する際に［ファイル］ではなく［オンライン］を選択し、既製のイラストを探して使うとよいでしょう。［オンライン］をクリックすると「画像の挿入」という画像を検索するウィンドウが開きます。挿入したい画像に適したキーワードを入力して候補を探しましょう。希望のものを見つけたら挿入します。

　［オンライン］から画像を検索する場合は、「Bing」というエンジンから行います。BingとはPowerPointを提供しているMicrosoft社が運営するインターネット検索サービスです。このBing以外には検索エンジンが設定されていないので、使用する画像をGoogleやYahoo!で検索したい場合は、別途それらのサイトで画像検索し、ダウンロードやコピーした上でスライドに挿入していきましょう。

Section 09 [引き算] グラフの種類を「引き算」する

棒＋折れ線グラフでグラフを1点に

　ここまで各種の基本的なグラフについて紹介してきました。紹介した中でも棒グラフや折れ線グラフは異なる複数のグラフを並べることがあるはずです。例えば、棒グラフならばひとつのグラフに2〜3本並べることや、折れ線グラフであれば線種の異なる2〜3本の線をレイアウトすることは多々あるでしょう。その際、それぞれの要素の数値が文字通りケタ違いや単位が異なる場合があります。一方は4ケタ以上で単位が円の「売上」、もう一方は2ケタで単位は％の「利益率」を同時に伝えるようなケースです。並べたい要素が乖離している場合、無理やり1種類のグラフでまとめることにより、正しいメッセージを伝えられないこともあります。

PowerPointでは"組み合わせグラフ"

　このような場合は片方が棒グラフ、もうひとつは折れ線グラフを使った複合グラフを作成しましょう（図4-15）。PowerPoint上ではこのグラフのことを「組み合わせグラフ」と呼びます。これがあれば、資料を読む側はわかりやすくて便利なものですが、作る側には少し複雑な作業が求められます。

　組み合わせグラフを作成するには、まず［挿入］タブの［グラフ］を選び、［グラフの挿入］ウィンドウが開いたら、左のメニューから［組み合わせ］を選びます。そして、上部に4つあるアイコンの中で右端の［ユーザー設定の組み合わせ］をクリックしそれぞれ希望する「系列名」と「グラフの種類」を設定します。ここでは「系列1」に集合縦棒（縦の棒グラフ）を「系列2」に折れ線グラフを選びます。左側の目盛りに加えて右側に別

の目盛りを入れたい場合は「第2軸」にチェックを入れます。この際、自動的に「系列3」が表示されますが、組み合わせるグラフが2つだけの場合にはグラフを作成した後に削除しましょう。

[OK]をクリックするとExcelと同様の表が表示されます。また、グラフには仮の項目名や数値が入っているので、作成したいグラフの名称や数値を入力していきます。

2つ以上のグラフを組み合わせたい場合には、表の「D列」以降の列にも数値を入力します。

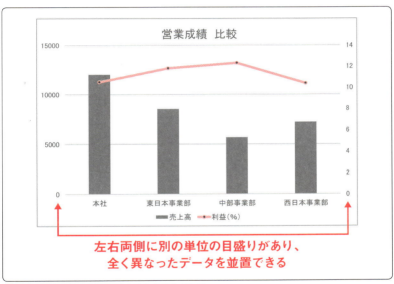

図4-15：異なる値を同時に見せるなら複合グラフ

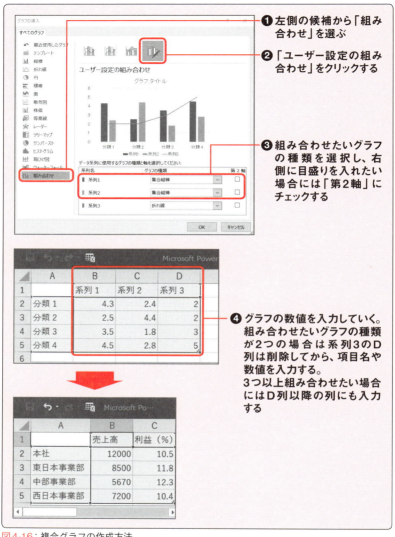

図4-16：複合グラフの作成方法

Section 10 [決定力] 画像を加工する

「決まる」資料の画像には見えない加工がされている

　資料に画像を使う際には、P.101で紹介したように整列させるなどして配置をしっかり考えることも大事ですが、配置だけでなく、加工し見栄えをよくすることによっても、資料・プレゼンの決定力が高まります。

　特に昨今のデジカメやスマホで撮る写真は解像度が高くデータのサイズも相当大きいため、縮小してそのまま貼って使っていくとPowerPointのサイズが巨大化してしまい、不都合が生じます。まずは適切な大きさに画像のサイズを変更してみましょう。

　サイズ変更のために特別なソフトは必要ありません。Windowsに標準で搭載されているお絵かきツール「ペイント」を使います。デスクトップ上やフォルダに保管しておいた画像を右クリックし［編集］を選ぶとペイントが起動します。［ホーム］タブの「イメージ」グループの中に［サイズ変更］があるのでクリックします。最初は100%になっているはずなので、それよりも小さい数字を入力するとその数値に縮小されます。もちろん、拡大することも可能です。元のデータを最初から編集したくなる場合もあることを考えて、サイズを変更したら、上書き保存するのではなく、別名で保存しましょう。

トリミングで見せたい部分だけをアピールする

　やるべきことはサイズの調整だけではありません。画像にはアピールしたい人物や物体以外のものがフレームインしていることがあります。見せたいもの以外が写っていては、写りこんでいる他のものに目移りさせたり考えさせたりしてしまい、直感的に理解してもらうことはできません。見

せたいものだけをアピールするには、トリミングをしましょう（図4-17）。

　トリミングするにはPowerPoint上に画像を貼り、その画像を選択した状態から「図ツール」の［書式］タブ「サイズ」にある［トリミング］をクリックします。すると画像の内側に黒いカギカッコのような形が表示されるので、そのいずれかにカーソルをあて、内側にドラッグします。この操作をして画像以外の箇所をクリックすると、外側のグレーになった部分は非表示になります。

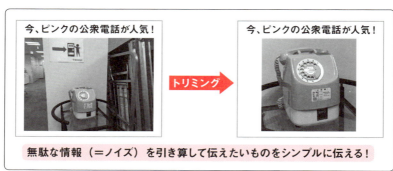

図4-17：トリミングで画像のノイズを引き算

スタイルを変えて写真をイキイキ見せる

　トリミングの上級テクニックとして、任意の形に切り抜く操作もマスターしましょう。［トリミング］の下にある「▼」をクリックして表示されるメニューから［図形を選んでトリミング］を選ぶと、丸や矢印など様々な図形の候補が表示されるので、いずれかを選択します。画像がその形でトリミングされます。星形やハート形にトリミングすることはほとんどないかと思いますが、円や楕円であれば人の顔などを切り抜く際に使用することもあるでしょう（図4-18）。

　また、トリミングとは別ですが［図のスタイル］という機能は画像の印象をガラリと変えるのに有効です。外周をぼかしたり、写真店でプリントするように画像にフレームをつけたり、立体的に見えるような影をつけたり……といった効果で画像がイキイキとします。

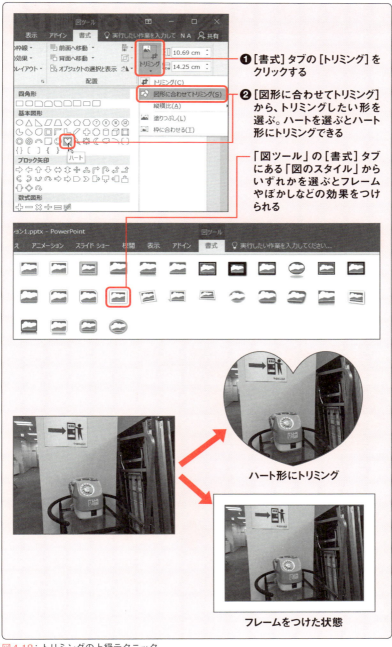

図4-18：トリミングの上級テクニック

はっきり見せられない写真は加工して使用

なお、[図ツール]の[書式]タブにある「調整」にある機能を使えば、色だけでなく、フォトレタッチソフトを利用したかのような加工も可能です（図4-19）。

[修整]では明るさの補正ができますし[アート効果]では[ぼかし][パッチワーク]などの効果もあります。個人情報保護などの観点から鮮明な写真を見せてはいけない場合にはこれらの処理が活躍するでしょう。

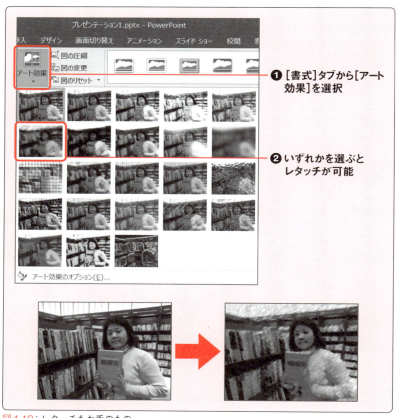

図4-19：レタッチもお手のもの

Section 11 [決定力] 相手の視線を誘導する

表は「整頓感」を見せる

　資料における「表」は量の多い情報を一望してもらうために有効な手段です。ただし、一望してもらうにしても、その中で特に注目してもらいたい箇所があるはずです。数ある情報の中から注目してほしい箇所に相手の視線を誘導することで、プレゼンの決定力は格段に上がります。

　なぜなら、プレゼン本番において、ただ単に表を資料で提示しただけでは、相手はその表の中から重要な項目を見つけることに夢中になってしまい、自分のプレゼンに集中してくれないからです。もし、相手の視線を誘導できるような資料を作れれば、こうした事態は起こりません。

　プレゼン本番ではこちらが見てほしい情報のみに相手の視線を誘導しましょう。それ以外の情報はプレゼンが終わってからゆっくり見てもらえばよいのです。

高さ・幅を整理する

　そこで、まずは表を整えることから始めます。ガタガタな表では、視線を誘導するどころか見てもらうことすらできません。

　［挿入］タブの［表］から表を作成したら、文字や数字を入力していきますが、主に整えるべきは行の高さ、列の幅です。

　行の高さ、列の幅は「表ツール」の［レイアウト］タブから「高さ」、「幅」を調整することで整理します。強調したい文字や数字を大きく見せるため、枠内が窮屈な印象にならないように高さや幅を広げましょう。

　高さや幅を整理できたら、続いてセルに入る文字列も整理していきます。正しいデータが入力されていても、配置が整理されていなければ信憑性が

疑われてしまいますし、読み間違いを引き起こす原因にもなってしまいます。「表ツール」の［レイアウト］タブにある「配置」から、上下方向は「上揃え」、「上下中央揃え」、「下揃え」、左右方向は「左揃え」、「中央揃え」、「右揃え」のいずれかを選んで整列させましょう。

強調したいセルは結合する

　セルの大きさは全て均等である必要はありません。［セルの結合］を駆使して、セルの中でも強弱をつけるようにしましょう。

　例えば「商品Ａの価格」「商品Ｂの価格」「商品Ｃの価格」という列があった場合に、ひとつ上の行のセル3つを結合させて幅の広いひとつのセルにします。結合した大きなセルには「価格」と表示し、下のセルをそれぞれ「商品Ａ」「商品Ｂ」「商品Ｃ」とすれば、文字数が減る上、情報が整理されてＡ、Ｂ、Ｃの価格が比較しやすくなります。

罫線を自在に操る

　ここまで表を整理してきましたが、まだ手をつけていない部分があります。罫線です。罫線を加工する場合は「①線を消す②線種を変える」、の2つが考えられます。

　まず①の方法ですが、表内の一部なら「表ツール」の［デザイン］タブにある［罫線の削除］をクリックします。マウスポインターが消しゴムの形に変わるので、消したい線の上をマウスでなぞるだけです。セルが全て線に囲まれていたら表は線＝ノイズだらけになってしまいますから、項目行とデータを紹介する行を区別する線や、Ａ支店、Ｂ支店、Ｃ支店などそれぞれの情報の境目を区切る線以外は極力外していきましょう。

　②の「線種」とは実線、破線（点線）といった線自体の種類のことや、太さ、色などのバリエーションのことを指します。これらの種類が区別されず、全てに同じ種類の線が使われていては、情報やそれに込めたメッセージを相手に直感させることはできません。

線種は同じく「表ツール」の［デザイン］タブにある［罫線を引く］を選ぶと、マウスポインターの先がえんぴつの形に変わり、色や太さ、線種を設定してセルの境界線の上をなぞるだけで変更できるので手軽です。

　実線で区切るほどでもない情報や、関連性のあるデータ同士を区切りたい際には破線を使ったり、黒ではなく、グレーやテーマカラーの薄い色を線に使ったりすることでも、表内でデータの強弱を見せることができるので活用しましょう。また、合計を示すセルの上は太い線や二重線にすることで相手に重要性を直感的に理解させることができます（**図4-20**）。

全ての行が同じ高さなため、きゅうくつな印象でメリハリがない

	プリントラック			インサツール			備考
	単価	部数	小計	単価	部数	小計	
名刺	5.3	200	1,050	8.5	200	1,700	片面 4C
はがき	2.3	1,000	2,260	3.2	1,000	3,200	両面 4C
封筒	10.7	1,000	10,700	17.5	1,000	17,520	角2 カラー1C
チラシ	4.4	1,000	4,390	3.8	1,000	3,800	両面 4C
パンフレット	73.2	500	36,600	58.7	500	29,390	A4 中綴じ 4C

全てのセルに罫線がついているため、ノイズに感じる

	プリントラック			インサツール			備考
	単価	部数	小計	単価	部数	小計	
名刺	5.3	200	1,050	8.5	200	1,700	片面 4C
はがき	2.3	1,000	2,260	3.2	1,000	3,200	両面 4C
封筒	10.7	1,000	10,700	17.5	1,000	17,520	角2 カラー1C
チラシ	4.4	1,000	4,390	3.8	1,000	3,800	両面 4C
パンフレット	73.2	500	36,600	58.7	500	29,390	A4 中綴じ 4C

中間の線を削除し、行の幅を広げてスッキリさせる

行の幅を広げてスッキリさせる　　**注目してほしい数字はサイズを大きく**

図4-20：高さと幅を整頓

強調したいセルはこう見せる

　ここまで表を整理してから、ようやく視線誘導の加工をしていきます。まず、見てほしい特定のセルだけ塗り色を変更していきます。セルを選ん

で「表ツール」の［デザイン］タブから［塗りつぶし］を選択して任意の色を決めるだけなので簡単です。

相手に見てほしいものが文字や数字の場合は、ゴシック系などの力強く目立つ太いフォントに変えたり、文字サイズを特大にしたりするのも有効です。その上で、丸や四角でその部分を囲み、吹き出しで「注目」「ここがポイント」などのコメントを加えれば、ページの中でも必ずその1点に視線が向かうようになります。

丁寧に表を整理したからこそ、このような少しの工夫でも相手の視線を自分の伝えたい情報へ誘導することができるのです（**図4-21**）。

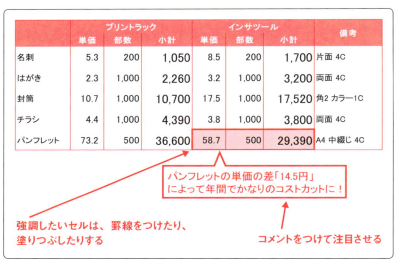

図4-21：相手の視線を誘導できる表の例

Section 12 [決定力] 文字列によるストレスをなくす

倒れた文字は読まれない

　プレゼン資料の中では、むやみに文字に効果をつけないようにしましょう。特に注意したいのが斜体です（図4-22）。斜体は、英語圏で主に前後の文字列と区別して強調したい場合に使われます。これを真似て、日本語の資料でも同じように強調のために使う人がいますが、シンプルなアルファベットとは違い、特に漢字は少し傾いただけで読みづらくなってしまいます。強調したい部分は相手のストレスとなったり、ノイズになったりしてしまわない方法を駆使するのが鉄則です。

斜体を使った文章

*斜体*は文字が右に傾いた書体のこと。欧文圏で使われる*イタリック体*と混同されがちだが、ただ傾けた文字と書体としての*イタリック体*とは異なる。いずれも前後と区別して強調したい時などに使われる。傾いていない文字は立体と呼ぶ。

斜体を排除した文章

斜体は文字が右に傾いた書体のこと。欧文圏で使われるイタリック体と混同されがちだが、ただ傾けた文字と書体としてのイタリック体とは異なる。いずれも前後と区別して強調したい時などに使われる。傾いていない文字は立体と呼ぶ。

図4-22：斜体と立体の比較

グラフ内の文字を縦書きにする

　また、グラフ内の文字にも注意しましょう。グラフ内には左に90度回転した状態の「軸ラベル」、左下に向かって傾いた「項目名」、軸の幅からはみ出た「項目名」など、読みづらい文字列が数多くあります。

　これらは、文字列部分をダブルクリックすると右側に表示される書式設定のウィンドウから修正していきましょう。［文字のオプション］を選択し、3つあるアイコンの右側にある［テキストボックス］をクリックします。そこに表示された［文字列の方向］からプルダウンメニューで［縦書き（半角文字含む）］を選べば、文字列が読みやすい縦書き表示に変わります。なお、［縦書き］を選択すると半角の英数字は横に倒れてしまうので注意が必要です（**図4-23**）。

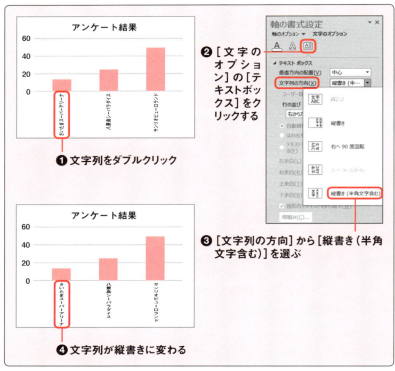

図4-23：グラフ上にある文字列の向きを変更する

Section 13 [決定力] 直感力を上げるために

ビジュアルがメッセージを後押しする

プレゼンの決定力を上げるためには各ページにビジュアル要素を必ず1点は入れるというルールを意識してみましょう。

けれども、ビジュアルが入っていれば何でもいいというわけではありません。なぜプレゼン資料を作っているかと言えば、目的を達成するため、相手から「イエス」を引き出すためです。つまり相手の心理に影響のない挿絵が入っていても決定には直結しません（**図4-24**）。

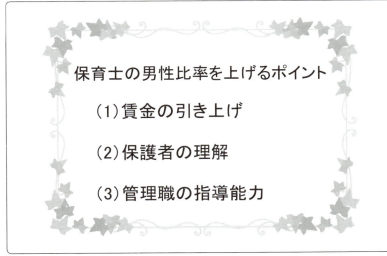

図4-24：内容と相関性のないビジュアルのページ

メッセージとビジュアルを連動させる

プレゼン資料には、ビジネスのイメージ写真として、数人の外国人が談

笑しているものが使われがちです。確かにビジネス関連のビジュアルではありますが、日本企業の人が見たら、かっこいいモデルさんではなかなか当事者意識を持って受け取ることはできないでしょう。それならば立派でなくても自社の社内で、スマホで撮影した写真であったり、簡単なイラストの方が説得力があります（図4-25）。

イメージビジュアルは常に相手に響く内容か、プレゼンの目的と合っているのか、決定を促すものか、という視点で選んで使っていきましょう。

保育士の男性比率を上げるポイント

(1) 賃金の引き上げ

(2) 保護者の理解

(3) 管理職の指導能力

図4-25：テーマとマッチしたビジュアルのページ

キャプションによってビジュアルの理解が深まる

新聞や雑誌の図表には「キャプション」と呼ばれる説明文がつけられることが多くあります。プレゼン資料の図表はどうすべきでしょうか。「ノイズ」となり得る情報なので、ない方がよいのでしょうか。

心理学の領域では、写真やイラストなどのビジュアル要素は、補足する情報によって認識が変化するということが実験によって証明されています。

行われたのは、見ようによってはAとBの2通りに認識ができる図形を、片方のグループにはAという表記とともに見せ、もう一方にはBという

表記とともに見せるという実験です。2通りに認識できる図形とは、ひとつの図形にもかかわらず「壷」と「向き合った2人の人間」との2つに解釈ができる「ルビンの壷」のようなものです。

そして、その後に図形を被験者に再現してもらうと、Aという表記を見せられたグループはAの絵を描き、もう一方はBの絵を再現したのです。つまり、何かビジュアルを見せる際は「これはAですよ」という説明を加えることで、相手の認識・理解の方向をこちらの誘導したい方向へ向かわせることができるのです（図4-26）。

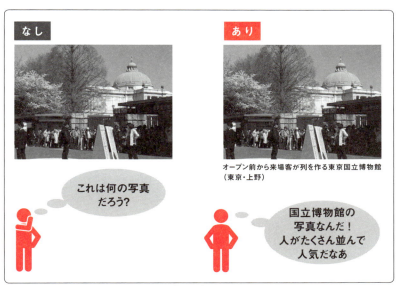

図4-26：ひと言だけでも理解しやすさは大きく変わる

そもそも、プレゼンの場におらず、後から資料だけ見る人にとっては、キャプションがついていないと何の画像なのかわからずストレスを与えてしまう可能性もあります。したがって、何としても決定をつかみとるためにも、ビジュアル要素には必ずキャプションをつけるようにしましょう。意味や必然性のない情報は単なる「ノイズ」ですが、こうした効果が証明されているものは積極的に盛り込むべきです。

伝わるキャプションのつけ方

では、どのようにキャプションをつけるべきなのでしょうか。キャプションには「①それぞれにA、B、C……と番号や記号を割り振り、別の場所にまとめてレイアウトするパターン②説明するものの近くにレイアウトするパターン」の2種類があります（図4-27）。無駄な視線の動きを省き、直感性を高めるという意味では、②の方がよいでしょう。

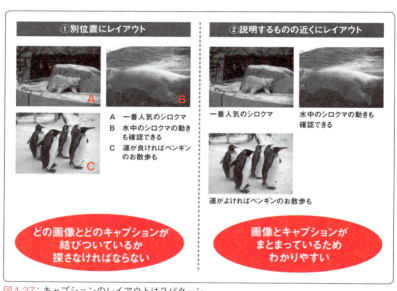

図4-27：キャプションのレイアウトは2パターン

また、キャプションは、「客観的な説明」ではなくメッセージを込めるようにしましょう。機械の画像に「製品A」というキャプションをつけても間違いではありませんが、これでは決定につながりません。P.19で紹介したように、プレゼンでは相手の問題解決や悩み解消を前面に押し出すべきです。「電気代を1割削減した製品A」のように、ベネフィットをアピールするキャプションを心がけましょう。

Section 14 [時短] イラスト作成時間を短縮する

Chapter 04 引き算で資料をシンプルにする STEP2 図表編

既存のイラスト&図形を組み合わせる

　グラフや表以外にもプレゼン資料でよく使うビジュアル要素があります。図・イラストです。P.100で紹介したように、図やイラストは「息抜き」や「視線誘導」に役立ちます。

　なお、プレゼン資料では、凝った絵画やイラストは全く必要なく、シンプルなものが適しています。中でも究極にシンプルなものは単色で表現された「ピクトグラム」と呼ばれるものです。交通標識や非常口に使われているようなイラストを思い出してみてください。シンプルなので図形や文字と組み合わせても違和感がなく、企業イメージやプレゼンのテーマを邪魔しないことが魅力です（図4-28）。

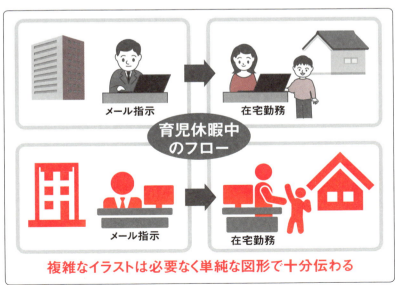

図4-28：複雑なイラストではなく極力シンプルに

このピクトグラムと線や矢印、枠などの簡単な図形を組み合わせることで、ほとんどの図やイラストは作成できます。

　これなら、資料上の必要ない情報を「引き算」できるとともに、自分の作業時間も「引き算」することができます。

ピクトグラムが大活躍

　一般的なイラストとは違い、ピクトグラムは「無料」「商用OK」と謳われるものがインターネット上で広く公開されています。

　検索エンジンで「ピクトグラム」「素材」「無料」「フリー」などの単語の組み合わせで検索すれば次々と出てくるため、探す手間も大してかかりません。代表的なものとして「ヒューマン・ピクトグラム2.0」（http://pictogram2.com/）を私はよく使っています。

　なお、ダウンロードの際には背景が透明な「.png」形式をダウンロードしましょう。これをスライドに貼り付け、選択した状態で［図］ツールの［書式］タブの「調整」にある［色］から、プレゼンのテーマに合わせてイラストの色を自由に変更できます。

アイコンもフリーサイトからダウンロード

　また、ピクトグラム以外にも、アイコンなどのフリー素材を提供しているサイトを活用してみるのもよいでしょう。私がよく使っているのは次の2つです。

- Icons8: https://icons8.com/
- Material Design: https://material.io/icons/

　以前は誰でも簡単に使えるものとして、PowerPointやWord、Excelで自由に使える、Microsoft社の提供していた「クリップアート」という素材集がありましたが、サービスが終了してしまったため、今ではこのよ

うにフリーサイトからダウンロードするのが一番早いのです。

どうしても見つからない場合は

　ここまで作業時間の引き算に役立つフリーサイトを紹介してきましたが、これらのフリーサイトでは自分の使いたい、イメージ通りのイラストが見つからないことも多々あります。

　その場合には、インターネット上から自分で探すしかありません。

　インターネットから直接画像を探す際には2つの方法があります。ひとつは、PowerPointの機能で検索し、直接挿入する方法です。これは［挿入］タブの［オンライン画像］から行います。「画像の挿入」ウィンドウが開くので、探したいイラストが見つかるよう、キーワードで検索しましょう。

　もうひとつの方法は、Yahoo!やGoogleなどの検索エンジンから探すオーソドックスな方法です。検索し、見つけた画像をコピーし、ページ上に貼り付ける、という基本中の基本の方法です。

　しかし、作業を効率化し時短するという意味においてはこの方法は最終手段にするべきです。なぜなら、インターネット上には膨大な数の画像が溢れており、さらに同じようなものが並んでいて、どれを使おうか迷う時間が生じてしまうからです。また、著作権の問題などもあるため厄介です。

　したがって、プレゼン資料を作る頻度の高い人や職場の場合かつ、写真や凝ったイラストを使うことが多い場合は、素材提供の有料サービス（PIXTA、Fotoliaなど）と契約して素材を利用した方が著作権侵害の心配もなく安心です。

- PIXTA: https://pixta.jp/
- fotolia: https://jp.fotolia.com/

Section 15 [時短] チャートは自作しない

SmartArtを活用する

　フローチャートは、複雑なものを直感的に理解してもらうのに役立ちますが、一から自作していては大変な時間がかかります。そこで、PowerPointに標準装備されている「SmartArt」機能を利用しましょう。作業時間が大幅に削減されるだけでなく、見栄えもよいので使いやすさは抜群です（図4-29）。

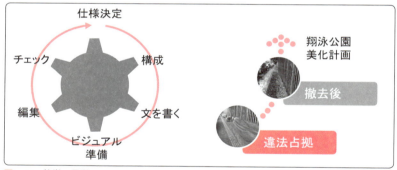

図4-29：簡単に見栄えのよい図を作れる

　フローチャート類は基本的に図形と文字の組み合わせでできていますが、SmartArtなら、文字列からチャートを作成することも可能です。作業時間を短縮するという意味でも、ぜひ活用したい機能です。したがって、フローチャート類を作成する場合は、いきなり作成に着手するのではなく、まずテキストボックスなどに文字列を準備するとよいでしょう。ちなみに、テキストボックスに打ち込んだプレーンな文字列は［ホーム］タブの中の「段落」にある［箇条書き］か［段落番号］のアイコンをクリックすると箇条書きに自動変換して見せることが可能です。

箇条書きから一気に図へ

　文字列を準備したら、図形を作成しましょう。文字列をドラッグで選択し、右クリックして表示されたメニューから［SmartArtに変換］を選び、作成したいものを選択するだけで完了です（図4-30）。この段階では自動で配色されますが、色や光沢、3D効果などは自由に変更できます。

　秒速で見栄えのよいチャートが完成するのですから、ぜひ活用してみましょう。

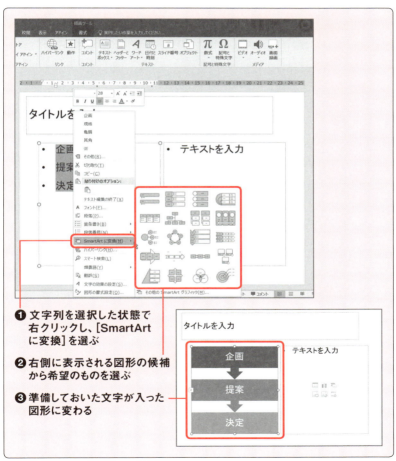

図4-30：文字列が一瞬でチャートに変身

SmartArtを分解して活用する

　SmartArtに用意されているチャートは「SmartArtツール」の［デザイン］タブの左端にある「グラフィックの作成」から［図形の追加］を選ぶとデフォルト設定から階層・パーツを増やすことができます。

　さらに、SmartArtで作成される図形は、自分ではなかなか作れないようなパーツで構成されていますが、このパーツを部分的に取り出して別の場所で使うこともできます。

　使いたいパーツをコピー&ペーストするだけで、パーツを複製できます。色の変更、拡大・縮小、回転などの加工をした後、コピーして図形を量産すれば、自分なりの新しいチャートを作成することもできるのがポイントです。別の機会に繰り返し使うことを考えるなら、加工後のチャートをグループ化しておくと便利です（P.143参照）。

Section 16 ［時短］「無意識」を利用する

図形を結ぶだけでも十分

「チャート」と聞くと、何やら込み入った図をイメージするかもしれませんが、日本語に置き換えれば、チャートとは単に「図表」のことです。

例えば、点Aと点Bを線でつないだだけのものもチャートの一種です（図4-31）。ただし、シンプルだからこそ、しっかり意味合いを考えて作らないと、思わぬ誤解を与えてしまうこともあるので要注意です。

一般的には2つの点を直線で結ぶと、思いつくだけで「AとBは関係がある」、「AとBは同等の立場」などが挙げられます。これが線ではなく左から右に向かう矢印になると「AがBに変わった」、「AからBに移動した」、「Aの結果Bになった」という意味が考えられます。

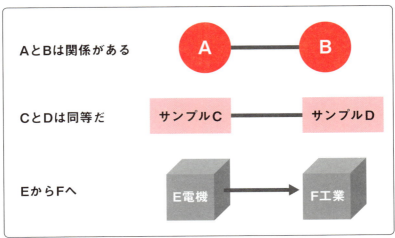

図4-31：チャートは難しいものでなくてよい

このように、わずかオブジェクト2つと線1本だけでも様々な意味を生

み出せるのです。シンプルかつ説得力の強い資料を作成しながら、作業時間を短縮するには、チャートを活用するとよいでしょう。

無意識を利用する

　プレゼンに使われる資料の多くは横書きです。日本人であれば多くの人は、横書きの文字であれば無意識に左から右へと読んでいくものです。つまり、2つのオブジェクトが左右に並んでいる場合、まず左側にあるものを見ます。

　図形をシンプルに作成するためにはこの習性を活用します。つまり、右から左に向かう矢印で2つの横に並んだオブジェクトをつないだだけで「BからAに戻った」、両向き矢印ならば「AとBは対立関係にある」という意味を付加できるのです。

　縦に配置した場合も同様です。上下にオブジェクトが並んでいれば、多くの人が無意識に「上から下へ」の流れを直感するので、説明するための無駄な文字などを省くことができます。

　このように、無意識を上手に利用できれば、さらに作業時間を短縮しながら直感的な理解を促す資料を作成することができるでしょう。

Section 17 [時短] 資料の修正は自動で行う

文字列を探して一発変換

　資料を更新する際に、固有名などを置き換える場合には目視と手作業はできるだけ避けましょう。置き換える場合には［置換］機能を使います。

　［ホーム］タブの右端にある「編集」の［置換］をクリックすると、検索用のウィンドウが表示されます。「検索する文字列」に「A社」などの元の文字列を、「置換後の文字列」に「B社」のように上書きする文字列を入力すればあっという間に全て変更されます。

　では「A社」という文字列を、「B社」と「Bホールディングス」という2つ以上の言葉に置き換えるときはどうすればよいのでしょうか。今度は［ホーム］タブにある［検索］機能を使います（**図4-32**）。［検索する文字列］に探す文字列を入力すると、使用されている箇所にマーカーがかかった状態で表示されます。［次を検索］をクリックすると次の箇所が表示されます。この機能を活用し、文字を修正していきましょう。修正が終わったら、元の「A社」という文字列が残っていないか、念のため再度検索をかけるようにするとミスがなくなります（**図4-33**）。

　なお、検索の際に注意したいのは、変更したい文字列が全角なのに、半角文字列を検索してしまうことです。このようにそもそもが間違っていたら、検索も置換も反映されません。あくまでも「完全一致」の文字列を検索、置き換えてくれる機能なので留意しておきましょう。

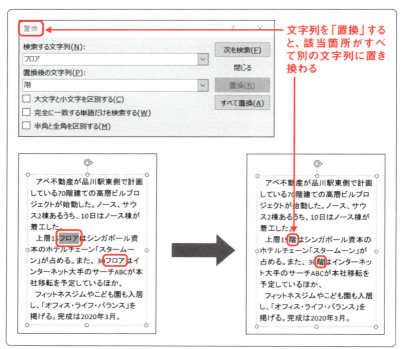

図4-32：文字列の置換方法

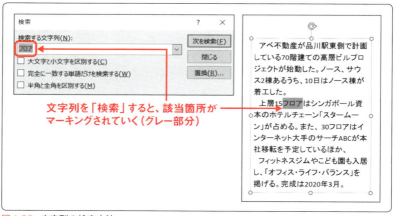

図4-33：文字列の検索方法

Section 18 [時短]
図をひとつにまとめて無駄もストレスもなくす

複数のパーツを「グループ化」しておく

　いくつかのパーツを組み合わせて複雑な図を作成し、それを移動させることがあります。

　その際、多くの人は全てのパーツを選択した上でコピーし、移動したい箇所に貼り付けしていますが、ちょっと操作を失敗しただけで、パーツがバラバラになったり、スタイルが崩れたりしてしまい、作業していてイライラしてしまうことが多々あるはずです。無用なストレスを避けるためには、多くのパーツをまとめて「グループ化」しておきましょう。

　グループ化するには［Ctrl］キーを押しながらひとまとめにしたいパーツをクリックしていき、全てを選択した状態で右クリックし、メニューから［グループ化］を選ぶだけです。

　グループ化した図の中で一部のパーツを修正したくなった場合は、グループ化した図を右クリックし、［グループ化］の下にある［グループ解除］を選択することで元通りのバラバラの状態に戻せるので、修正を終えたら忘れずにまたグループ化しておきましょう。

「図として保存」で拡大・縮小が自在に

　グループ化することでパーツをまとめることはできますが、ハンドルをドラッグして拡大・縮小しようとするとパーツ同士のバランスが崩れてしまいます。こうした事態を避けるためには、「図として保存」機能を使います。

　グループ化と同じく全てのパーツを選択した状態で右クリックし、メニューから［図として保存］を選ぶだけです。保存場所の候補が表示され

るため、わかりやすいところに保存しましょう（図4-34）。

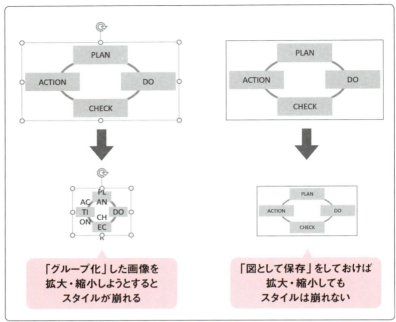

図4-34：「図として保存」なら拡大・縮小もストレスフリー

なお、ファイルを保存する際には、ファイルの形式に気をつけましょう。「.gif」「.jpg」「.png」などの形式から選択できますが、おすすめは「.png」です。「.png」で保存すれば、図の空白部分が透明なまま保存されるため、図同士を重ね合わせる際に役立ちます（図4-35）。

「.jpg」で保存してしまうと空白部分が白で塗りつぶされるため、重ね合わせる際に邪魔になってしまいます。

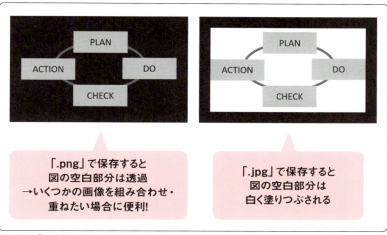

図4-35:「.png」形式での保存がおすすめ

ロゴや文字入り写真にも使える

　また、「図として保存」機能でまとめられるのは図だけではありません。テキストボックスや写真もまとめることができます。これを応用すれば、写真に文字を重ねてキャプション（説明）入りの画像を作ったり、図と文字を重ねて簡単なロゴやマークを作ったりといったことが可能になります（**図4-36**）。

図4-36：ロゴの作成も可能

Section 19 [時短] 表作成の作業時間を減らすコツ

表にも設計図が必要

　表の作成に関する作業で最も手間のかかるものは何でしょうか。レイアウトを考えることでしょうか。数値を打ち込むことでしょうか。

　正解は、「修正作業」です。例えば、縦方向に5つの要素を並べたいので5行の表を作ったら、一番上の項目行のことを忘れていて追加しなければならなくなったということはよくあります。これを修正するとなると作成の何倍もの時間がかかってしまうこともあります。本来なら必要ないはずのこうした修正作業を発生させないために、表を作成する前にはP.46で紹介したラフスケッチだけではなく、設計図も作成しておきましょう（図4-37）。

　設計図では、大まかな表のイメージだけでなく、表全体のうちのどの部分を重点的に見せるかも検討しておくとよいでしょう。

　それ以外にも、要素を並べる順やセルを結合するべき箇所があるかないか、高さや幅を広げたい箇所はないかなども確認しておくと、作成の時間が大幅に短縮されます。

　ただし、無駄な時間を減らすために設計図を作成するのであって、この作業に時間がかかりすぎないようにしましょう。設計図は、簡単な手書きで十分です。

Excelを活用する

　また、資料に作成する表で、計算が必要なものならPowerPoinで作成するのではなく、ワークシートを使った方が確実です。［挿入］タブの［表］から［Excelワークシート］を選べば、PowerPoint上でExcelと同じ画

面が利用できるので活用しましょう。Excelで別途作成した表を貼り込んでしまうと、PowerPointとExcelとでファイルが2つになり管理するのに無駄な手間が発生するので、このやり方の方が便利です。合計や割合などの簡単な計算だけでなく、関数を使った計算、データの並べ替え、位や小数点などの表示なども詳細に設定できます。

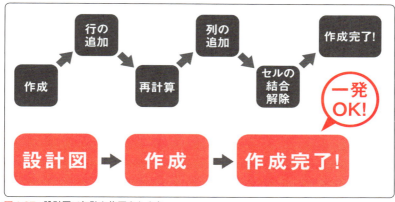

図4-37：設計図で無駄な修正をなくす

Column

2枚目からページ番号が始まる設定

　配布資料には必ずページ番号を入れるようにしますが、その上で活用したいさらなる上級テクニックを紹介します。

　ひとつは、表紙にページ番号を入れない設定です。一般的に、書籍や雑誌の「表紙」にはページ番号が入っていません。PowerPointの資料でも、表紙には番号を入れないようにしましょう。［挿入］タブの「テキスト」グループにある［ヘッダーとフッター］をクリックすると設定画面が表示されます。［スライド］タブから「スライド番号」にチェックを入れるとページ番号がつきますが、［タイトルスライドに表示しない］にもチェックを入れることで表紙に番号が表示されなくなります。

　ただし、表紙にページ番号を表示しない設定だけでは表紙を1ページ目にカウントして非表示にしているだけなので、表紙の次のページを1ページとする設定もしておきましょう。

　［デザイン］タブの「ユーザー設定」グループにある［スライドのサイズ］から［ユーザー設定のスライドのサイズ］へと進みます。「スライドのサイズ」ウィンドウが表示されたら「スライド開始番号」を「0」に変更しましょう。これで、表紙の次のスライドのページ番号が「1」になります。

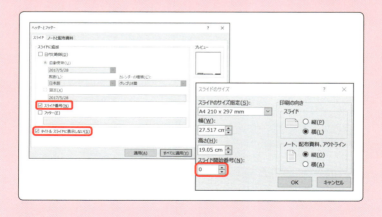

Chapter 05

引き算で資料をシンプルにする
STEP3 文字編

資料において「文字」は悩ましい存在です。
究極にシンプルで、相手に直感してもらえるような資料とは
文字が全くない資料ですが、
文字の一切ない資料はなかなか作れません。
そこで、本章では資料中の文字を極限まで引き算し、
最低限の文字数でプレゼンの決定力を引き出す方法を
紹介します。
コツは、文字を何か別のものへと
置き換えることです。

Section 01 [基礎知識] 文字を引き算する目安を知る

多くとも16字以下を目指そう

　本章では、スライドや配布資料における「文字」について考えていきましょう。

　小説や雑誌など、興味があって自分でお金を出して買ったものなら何万字でも読むのは苦ではないでしょう。反対に、プレゼンの資料となると、相手はできるだけ無駄がないことを望み、大量の文字は読みたくないはずです。また、プレゼン資料では「読ませない」や「直感させる」ということが重要なので、文字はやはり少ない方が望ましいのです。

　中でも、資料に興味を持ってもらうために必要となるのが「タイトル」や「見出し」です。資料の文字を引き算する場合には、まずここから着手していきます。「タイトル」や「見出し」からして長い文章では読んでもらえませんし、目にも留めてもらえません。目指すべきは「読んでいないのに目に入っただけでわかってしまった」というレベルです。こうした見出しを作るにはどういう文章にすればよいのでしょうか。

　プレゼン資料以外のものへ目を向けてみましょう。テレビニュースでは、一般的に「これからこの話題について紹介します」と予告するようなテロップの1行は16字で構成されています。ネットニュースの代表格であるYahoo!のトップページに表示されているニュースの見出しは記号とスペースを含めて最大13.5字。

　つまり、テレビやインターネットのように、パラパラと切り替えられるような画面の中で、わずか数秒で認識してもらえるような字数はたったこれだけだということです（表5-1）。

表5-1：少ない字数でも情報は伝えられる

メディア	字数
テレビ　タイトルテロップ	16字
テレビ　サイドテロップ	10字×2行
Yahoo!ニュースの見出し	13.5字
電光掲示板	約30字
テレビのラテ欄	10字
ライブドアニュースの冒頭	30字×3行

10字でも情報量は十分

　表5-1を見て「これだけしか文字を使えないのか！」と驚いたかもしれませんが、理想を言えば、さらに引き算して10字以内に収めるのがベストです。意外にも、10字あればたいていの情報は伝えられます。図5-1を見れば「短い字数であってもこれだけの情報を盛り込めるのか」と驚くはずです。これくらいに短い字数で資料のタイトルや見出しが書けるようになるには、練習していくしかありません。まずはYahoo!などのネット上のニュースサイトの見出しを参考にしてみましょう。インターネットはテレビ以上にページの移動が激しく、その中でアクセス数を集めるために見出しに数多くの工夫が凝らされています。常日頃からネットニュースをチェックし、自分はどの言葉に驚いたか、長い言葉はどのように短縮してあるか、数字はどこに使われているか、などの視点で自分が上手だなと思った見出しを真似していくとよいでしょう。時事にも詳しくなり、一石二鳥です。

```
偽ニュース 企業の対応          田中産業 民事再生法
雇用改善で消費に薄日   (10字)  業界結束で共同宅配   (9字)
街歩き達人vs大食女王          朝ドラ女優 電撃引退
```

図5-1：10字でもこれだけの情報が伝わる

全体では300字以下を目指す

　次に、見出しやタイトル以外の部分の字数についても考えてみましょう。日本人の成人が文字を読むスピードは、難易度の低い内容を読む際の平均で1分間に約500～600字、速い人では1000字とされています。

　ただし、これは「ここを読み始めてください」と読む箇所の指示が出ているものを読む場合のデータです。もし、字のギッシリ詰まった資料が目の前に置かれ「この資料は文字も多いし、プレゼンを聞けば読まなくていいか」と相手が考えてしまえば、1字も読まれないこともあり得ます。

　適度な字数に抑えて相手に目を通す気を起こさせるために私がおすすめする字数は300字前後です。これなら、1分間に読める字数の半分程度なので「多すぎる」と相手が感じることもありません。なお、ここで言う「300字」とは本文にあたる文章のことだけではありません。ページタイトルや小見出し、キャッチフレーズ、図版のキャプションなどを全て合計し、1ページ全体でこれくらいの字数を下回るよう工夫していきましょう。

資料の字数をカウントする方法

　資料に使われている字数をカウントしたい場合、PowerPointで作成したデータを保存する際にファイルの種類を「アウトライン/リッチテキスト形式（.rtf）」にすればWord形式で保存されます。この形式で保存し、文字列を全て選択した状態で［校閲］タブの「文章校正」にある「文字カウント」を使えば、スライド全体の文字数をカウントできます（**図5-2**）。ただし、テキストボックスの中など一部の字数だけを数えたいのであれば、その部分をコピーしてWordに貼ってカウントする方が早いでしょう。

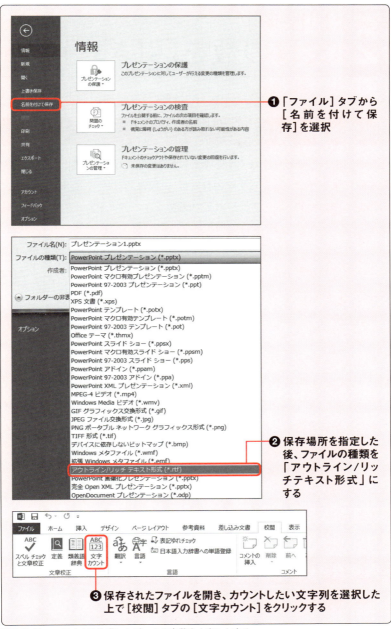

図5-2：PowerPointで作成したデータの字数をカウントする

Section 02 [引き算] 文章の数を「引き算」する

「1段落5文」が目安

　資料において字数を少なくするために最初に試みるべきことは、文章の数を減らすことです。減らす際の目安は「1段落5文以下」です。例えば、新聞記事では多くが、1段落2～3文で構成されています。また、大学受験でよく課される小論文の指導でも、5文以下にするよう教えられることがほとんどです。小説などの「読みもの」はこの限りではありませんが、「情報を伝えて理解を得る」という目的がある文章の場合は、このように1段落につき5文程度が限界でしょう。

　資料は必ず見直し、1段落が6文以上になっていたら、2つの方法で文を減らしましょう。ひとつは、1段落を2つに分ける方法です。仮に1～3文と4～6文で分けるなら、改行し、次の段落の最初は1字下げをして段落が変わったことを明らかにします。

　もうひとつは、文を集約して減らすことです。「今回は社内の5人にインタビューを行った。その結果、5名全員が業務にやりがいを持って臨んでいることがわかった」のような段落であれば、いずれかの文章を全て削除するのではなく、「調査の結果、インタビューした社員のうち5名全員が業務にやりがいを持っていることがわかった」という1文に集約することができます。

箇条書きには必ず行頭記号をつけよう

　文の数を減らしたら、次は箇条書きにしてみましょう。3つの文がある場合でも、3つの文をつなげて提示するのと、箇条書きにするのとでは印象は全く違います。最もシンプルな箇条書きは縦方向に横向きの文字列を

並べたものでしょう。

なお、箇条書きには必ず行頭に記号をつけます。最も多用されるのは「・」（ビュレット）です。英語で「銃弾」という意味ですが、和文では中黒という記号で代用されることが多いです。その他には※、★、●、■なども行頭記号として使われます。

これらの記号は「この部分は箇条書きになっています」という意味合いもありますが、人間の目を引き寄せる役割も担っています。アイカメラを使った視線の動きを調べる実験では、人間はまず「点」に視線を向けることがわかっています（図5-3）。例えば、見る対象が顔であれば、目や鼻の穴など、点として認識できる箇所を次々と見ていくということです。この習性を考えると、箇条書きに注目させるには行頭記号を必ずつけるようにするとよいのです。

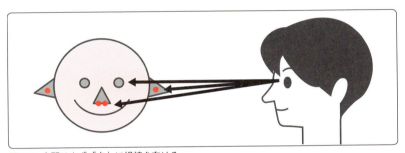

図5-3：人間はまず「点」に視線を向ける

箇条書きの3つのポイント

箇条書きを作成する際ですが、留意すべき点が3点あります。「①階層②字数と条数③並列か順序か」の3つです。

[①階層]

資料は章・節・項……と階層を設けて表示するのが基本です。プレゼン資料の場合は、2階層か、せいぜい3階層までしか作ることはありませんが、それぞれの階層の前に何の符号をつけるか、というルールを明確に設定し

ておきましょう。例えば、章などの大項目はⅠ、Ⅱ、Ⅲ、節などの中項目は (1)、(2)、(3)、項などの小項目はa.、b.、c.といったようなものです。

また、これは社内プレゼンではなく主に社外でのプレゼンの際のテクニックになりますが、階層の分け方は官公庁や企業ごとに運用ルールが異なりますので、できれば相手のルール通りに作って提出するようにしましょう。資料が見慣れたルールで統一されているだけで、相手は違和感を持つことなく読み進められるのです。これも決定を引き出す小さな気くばりのひとつです。

その上で、項目と項目との間に空白行を挿入すれば、階層の違いがより視覚的に伝わり、さらに読みやすくなります。

最後に、行頭は左端から字下げしましょう。これはビジネス資料の作法のひとつです。字下げすることで、左に（場合によっては右にも）余白が生まれます。一面にギッシリと文字が詰まっていては、相手が読む気を起こすことはなかなかないでしょう。こうしたちょっとした余白が文章を読みやすくする効果を生むのです（**図5-4**）。

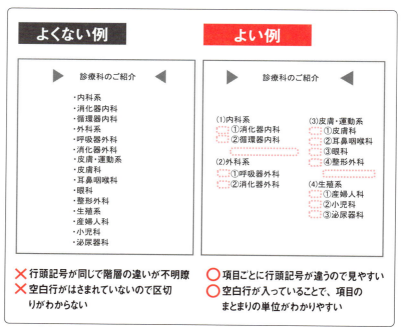

図5-4：箇条書きの階層は違いを明瞭に

[②条数と字数]

　箇条書きの項目はいくらでも増やせますが、10個も20個もあったのでは、シンプルに見せるという目的からそれてしまいます。箇条書きの数は最高でも10まで、できれば5つ以下を目指しましょう。

　また、箇条書きひとつ分は2行以上にならない程度の字数を守ります。箇条書きの1項目が数行にまたがっていると、簡潔に見えません。

　加えて、ある項目が20字、次の項目は45字、と字数がバラバラでは、アンバランスで読み進めることがストレスとなります。各項目の字数はほぼ同じになるようにします。

　最後に、行頭につける記号ですが、○と●でどちらに視線が集まるかと言えば、断然●です。塗りつぶしされている方がより強いアイキャッチになるのです。行頭記号はこのことを念頭に選びましょう。

　塗りつぶしされている記号を選ぶ理由は他にもあります。□を選ぶと、漢字の「口」（くち）、カタカナの「ロ」（ろ）と勘違いされる可能性があるのです。また○は、アルファベットの「O」（オー）や数字の「0」（ゼロ）に見えてしまうかもしれません。こうした勘違いを避けるため、塗りつぶしされているものがよいのです。ちなみに記号の色は黒と決まっているわけではないので、文字同様に色を使うことも可能です（図5-5）。

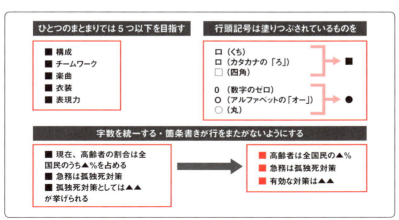

図5-5：簡潔に、勘違いされないように

[③並列か順序か]

　箇条書きは大きく2種類に分類できます。ひとつは「並列のもの」で、もうひとつは「順序のあるもの」です。例えば、単に自社の主要取り扱い業務を示すなら「・バス事業　・タクシー事業　・不動産事業」のように表示しますが、売上高順に事業を表示するとなると「1.バス事業　2.タクシー事業　3.不動産事業」のように、順番に並べるだけでなく、順番がわかる数字などを行頭につけるのが基本です。

　反対に項目を並列に並べたいときには、行頭に数字を使用するのは避けましょう。数字をつけることにより、情報に優劣がついてしまい、「①が1番なのか」と思わぬ誤解を招くこともあります。

　なお、箇条書きの記号は[ホーム]タブの「段落」グループにある[箇条書き]か[段落番号]をクリックすることによって一括でつけられます（**図5-6**）。また、「箇条書き」では、設定により任意の文字や記号を行頭記号に設定することも可能です。

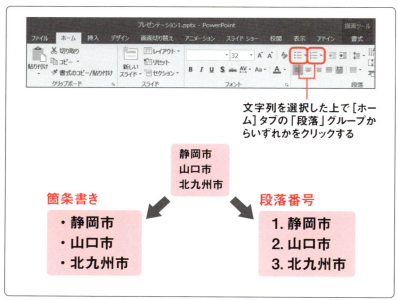

図5-6：箇条書きの設定画面

どうしても行をまたいでしまうときは

　文章を書いていると、いくら避けようとは思っていても、どうしてもひとつの文章や単語が次の行にまたがってしまうことも多々あります。文字や単語が行をまたいでしまうことを回避するには、改行を調整してみましょう。方法は2種類あります。

[①入力スペースの横幅を調整する]

　雑誌や新聞の記事や原稿用紙などでは1行についての字数が決まっていますが、PowerPointでは制約がありません。PowerPointではテキストボックスかプレースホルダーに文字を入力しますが、これらの文字が入る枠はハンドルをドラッグすることで横幅を自由に変えられます。区切りがいい箇所で改行できるよう横幅を変更しましょう。

[②[Enter] キーで改行する]

　もうひとつの方法は、区切りの文字の後ろで[Enter]キーを押して強制的に改行するものです。改行だけでなく、文章のかたまり同士の間にスペースを確保したいときにも活用できます。プレースホルダーの中の文字の場合、[Enter]キーの改行では、改行先の新しい行に行頭記号がついてしまいますが、[Shift]キーを押しながら[Enter]キーを押せば、行頭記号をつけずに改行できるため、活用しましょう。

Section 03 [引き算] 文字数を「引き算」する

文字を記号にして直感力アップ

　行数を減らしたら、さらに直感度を上げるために細かな字数を減らしていきましょう。「読ませる」のではなく「見て直感」してもらうために字数を減らすために私がおすすめするとっておきの方法は、文字を記号に置き換えることです（図5-7）。

　文字の記号への置き換えは、あまり気にしたことはないかもしれませんが、インターネットや新聞、テレビなどでしょっちゅう見かけているはずです。「広島7-3巨人」とあれば「広島と巨人の試合は広島が7点、巨人が3点で、広島勝利に終わった」、「純利益 ↑35億円」なら「純利益が35億円増加した」という文章を短縮して伝えているのです。こうした表記は、「-」や「↑」の意味について説明を受けたことはないのにほとんど誰にでも直感できているはずです。

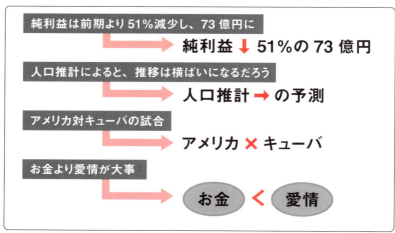

図5-7：記号化で字数減少＆直感力アップ

よく使う記号は加（＋）減（−）乗（×）除（÷）や等号（＝）、不等号（＜／＞）などの数学記号、そして↑、↓、→などの矢印です。

「熱意＜行動」で「熱意より行動の方が重要」、「JA宮崎→大田市場」で「JA宮崎から大田市場に輸送している」のような意味を持たせられます。

アイコンも積極活用する

記号と同様に字数の引き算に使えるのがアイコンや国旗などのマークです。資料の一部に点線とともに「✂」のマークが入っていることがありますが、たった1字分のスペースの記号だけで「ここを切り取ってください」という意味を付与しています。

また、国別順位を知らせるときには、上からアメリカ国旗、イギリス国旗、ロシア国旗を掲示するだけで、長い国名表記を省略できます。毎日見るような天気予報も☀で晴れ、☂で雨を表現しています。こうした記号は、字数の引き算だけでなく、誰にでも意味を直感してもらえることが最大の魅力です。

数字の活用でブレなく秒速で伝えきる

「引き算」からは話がそれますが数字も活用しましょう。

数字は、情報を具体的に、そして明確に提示するのにとても有効です。「巨大マンション」や「中年男性」と文字にして伝えた場合、これらは受け取る相手によってイメージするものは様々です。ところが、数字を使い「5棟700戸のマンション」、「48歳の男性」と伝えた場合、「5」「700」「48」という数字は誰にとっても同じものを示しているわけですから、イメージがブレません（図5-8）。

図5-8：漠然とした言葉ではなく数字を使う

回答を促す効果も

　数字は、イメージの具体性だけでなく、プレゼン相手に回答を促すことにも効果があります。資料の最後に「ご回答はなるべく早くお願いします」と書いただけでは、返事をしてもしなくてもいいようなニュアンスですが、「資材の仕入れに3日を要するため、申し込みは10月15日の午後5時までにお願いします」という伝え方にするだけで、イエスにしろ、ノーにしろ、回答が出る確率が格段に上がります（図5-9）。

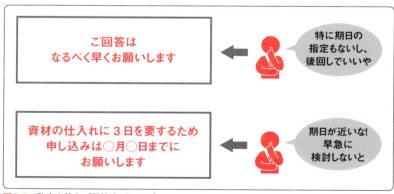

図5-9：数字を使えば回答率がアップ

重複する言葉は「因数分解」する

　最後に、文字を減らすために役立つテクニックをもうひとつ紹介しましょう。

　数学の授業で習った「因数分解」を思い出してみてください。因数分解は、ax + ay + az という数式があったときに a（x + y + z）のように、それぞれに共通するものをひとまとめにするテクニックです。これを文章にも応用するのです（図5-10）。

　「①食事でやせる方法、②運動でやせる方法、③医療でやせる方法」という3つの情報を提示したい場合に、それぞれをただ羅列するのではなく、各項目に共通する「やせる」という言葉をまとめて「3つのやせる方法」という言葉に集約することができます。文字を減らす際にはこのような重複表現がないかどうかもチェックしてみましょう。

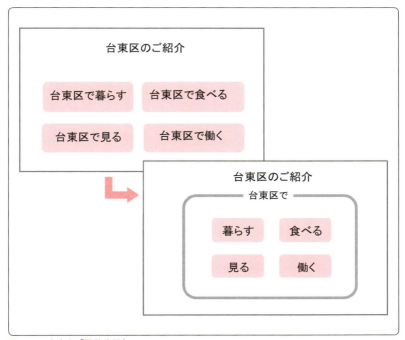

図5-10：文字を「因数分解」

Section 04 [引き算] ヨコ文字を「引き算」する

不必要な英語はとことん避ける

　文章の中に漢字やカタカナなどの日本語で使われる文字だけではなく、アルファベットなども交じることを「交ぜ書き」と呼びますが、交ぜ書きは読み手にストレスを与えます。

　フランス語の文書にスペイン語が交ざるのとは違い、漢字やひらがな、カタカナとアルファベットではそもそもフォントが違います。このように明らかに見た目の異なるものが並べられると、どうしても相手に違和感を与えてしまうのです。

　かつての犯行声明文などで、新聞記事の切り抜きで文章が形成されているのを思い起こしてみてください。それぞれ全く別の記事から切り抜かれているため、文字の大きさだけでなくフォントもバラバラで、見ていると言い知れぬ不快な、変な感じを受けるはずです。交ぜ書きも、基本的にはこれと同じようなことをしてしまっているのです。

　また、単純に「理解できない」、「読めない」という問題も起こります。もし資料に「feasibility study」と書いてあった場合に、英語が堪能でなければ意味が理解できないことはもちろん、音声として読み上げることもできません。

ストレスだけでなく自分のミスにもつながる

　そもそも、ほとんどが日本人向けのプレゼン資料に外国語を使うメリットは何かあるのでしょうか。日本語の資料に韓国語やアラビア語などを入れる人はまずいません。読めないからです。けれども、英語となると「集客力UP」のように気軽に入れてしまいます。英語を母国語としない日本

人が入力するとタイプミスしやすい上、和製英語などの誤用にも気付きにくいという何重もの落とし穴が待っています。変に格好つけようとして、ケアレスミスという醜態をさらしてしまっては決定が遠のきます。

そのためには、まず英語をカタカナ表記にするのが第1段階、第2段階としてカタカナ語を身近な日本語に置き換える、というように変換するのがおすすめです。

先ほどの「feasibility study」であれば、まず「フィジビリティスタディ」とカタカナに置き換えましょう。これで読み方がわからない人はいなくなります。さらに「実現可能性調査」と訳してみます。これなら、何となくでも意味合いは伝わるはずです。

どうしても使わなければいけない場合は

しかし、医学や技術などの業界では英語表記が一般的となっていて、避けては通れないような単語も存在するはずです。

こうした単語を使う際には、資料で初めて登場させるときに「IA (Information Architecture、インフォメーション・アーキテクチャー＝情報設計)」のように、綴りや意味を明示してから使っていくようにしましょう。

Section 05 [引き算] 接続する言葉を「引き算」する

本来は難解ではないのに……

多くの人は、長ったらしい文章を目にすると、読む前から「難解だ」と感じます。そして、その第一印象に支配され、心をシャットアウトしてしまいます。結果として、実はよくよく読むとそこまで難解なことが書いてあるわけでもないのに、内容が頭に入ってこなくなってしまいます。

こうした難解に見えてしまうような文章がどうやって長くなっているかを見てみると、「しかし」、「そのため」、「が」、「および」などの言葉が散見されます。

こうした言葉は接続詞や接続助詞と呼びます。それぞれ「おいしかったのでたくさん食べられた」という「原因と結果（＝順接）」や、「おいしかったがたくさん食べられなかった」のように「逆の結果（＝逆接）」などの意味を持っています（表5-2）。

表5-2：接続する言葉の例

種別	意味	例
並列	前の文に後ろの文を並べる	および、かつ
順接	前の文が原因で、後ろの結果となる	〜ため、ゆえに
逆説	後ろの文が前の文の逆になる	〜なのに、でも
言い換え	前の記述を言い換える	すなわち、つまり
選択	前の文と後ろの文から選ぶ	または、もしくは

接続（助）詞が、本来句点「。」によって区切ることのできる文章と文章の間に置かれることによって、接続された文章と文章は順接か逆接か、など考えさせる余地を与えてしまいます。この少しの余地が、直感を妨げ、決定を遠ざけてしまうのです。

契約書や法律の条文などはこのような接続（助）詞を多用した難しい言い回しが多く、小説などではある種の意匠として、どんどん接続（助）詞を継ぎ足して長い文章にすることも多いようです。

しかし、プレゼン資料は文章を難解にしなければいけないルールも、芸術性を高める必要もありません。相手の勘違いを排除し決定へと導くためには、簡潔な文章にするのが一番です。

「増やす」のではなく「分ける」

したがって、接続（助）詞で長くなった文章はシンプルにしましょう。そのためにやるべきことは「①接続詞を省く②前後の文章に分割する」の2つだけです。

すると、「製品Aは製品Bよりカロリーが10％下がったにもかかわらず、売れていない」という文章であれば「製品Aは製品Bよりカロリーが10％下がった」、「製品Aは製品Bより売れていない」の2つの文章に分割できます。「何が」「どうした」という「事実」だけが浮き彫りになり、理解しやすくなるのです（図5-11）。

プレゼンは長文読解の試験ではありません。P.154では、「文章の数は減らしましょう」と説明しましたが、このようにシンプルな短文にして相手の理解が深まるなら分割した方がよいケースもあります。接続する言葉を排除して「文を増やす」のではなく、「文を分ける」と考えてみましょう。

図5-11：文章を分割し、並置する

Section 06 [決定力] 文末によってメッセージの効果が変わる

新聞記事に「です」「ます」はない

　本章では資料作成における「文字の引き算」について紹介してきました。最後の「引き算」として、「文末」にあるメッセージの字数を引き算し、同時に決定力も高める方法を紹介します。

　何事においても、上達したい、よい結果を残したいという場合には、プロの真似をするのが近道です。そこで、まずはプロの書く文章を参考にしてみましょう。

　プロが書く文章として最も参考にするべきものが新聞記事です。普段読んでいる際には気にも留めていないかもしれませんが、実は新聞記事の大半には「です」「ます」のような語尾は登場しません。「です」「ます」などの言葉を助動詞と呼びますが、助動詞を省くことによって文章はシンプルなものに変身します。

　プレゼン資料の場合、社内であれば相手は上司や役員など、そして社外であれば取引先の人など敬意を示すべき相手がほとんどです。そのせいで、敬語を使わなければ失礼だと考え、「です」「ます」で資料の文章を書いている人も多いかもしれません。しかし、助動詞が入ることによって文章は長くなります。まずは思いきって助動詞を引き算してみましょう。

体言止めで強い言葉に変わる

　また、新聞記事の見出しの多くは「〇〇大統領再選」「華麗なダンスに釘付け」のように名詞で終わっています。文章を名詞で終えることを「体言止め」と言います。

　この体言止めを使えば、助動詞を省いて文章の字数が減るだけでなく、

最後が名詞で終わるため、最も強調したい言葉を用意すれば、相手の印象に残るメリットも生まれます。

特に、ページタイトルやキーメッセージとなる文章は体言止めにし、強調してアピールしてみるとよいでしょう（**表5-3**）。

表5-3：体言止めで言葉を強調

元の文章	強調させたい語	体言止めにした文章
当店の中トロは全て本マグロを使用しております	本マグロ	当店の中トロは全て本マグロ
働くなら○○スーパーがおすすめです	○○スーパー	働くなら○○スーパー
非介護施設にもかかわらず入居者の7割が要介護です	7割	非介護施設にもかかわらず要介護が7割
	要介護	非介護施設にもかかわらず7割が要介護

1文字に意味を持たせる

また、「文末の1字」に工夫するのも有効です。「臨床で導入される見通しだ」という文章を「臨床で導入へ」とするだけで、字数を引き算できるだけでなく、「近い将来導入される」という意味を付加できます。

Section 07 [決定力] 数字の配置はメリハリをつける

数字の羅列から間引いて、注目数字だけ残す

　数字は万国共通で、直感性も高く、上手に使うことができれば効果的な表現ではありますが、ただ羅列するだけでは、本来伝わるはずのものも的確に伝わりません。

　相手に伝えたいデータは、資料に盛り込んであるもの全てではないはずです。したがって、資料に盛り込んだ膨大なデータから引き算して、注目してほしい数値だけを残す作業をしていきましょう。

　そのページで必ず見てほしい数字はどこでしょうか。

　例えば、店舗が全国に100店あるチェーンで、大阪府のA店の数字に言及したい場合は、比較して見せるのは全国平均や関西平均、近隣の数店舗の数字でしょう。100店のデータを全て羅列する必要はありません。このように、まず伝えたいメッセージに関係のある数字だけを残します。

　さらに、文字サイズを大きくする、色を変える、図形で囲むなどで、該当の数字を強調しましょう。表であれば「行」にあたる項目数もですが、「列」にあたる要素も関係ないものは抜いて、見てもらいたい情報だけを残します。

数字をさらに強調するテクニック

　また2つ以上の数字は、ただ並んでいるだけではメッセージが相手に伝わることはありません。並んだ数字を比較してもらいたいなら、位を揃える必要があります。「0.110」「110.0」「1,110」と3つの数字が並んでいるだけでは、どの数字が一番大きいかすぐには理解できないかもしれません。小数点以下は何位まで表示するのか決めて揃え、基本的には1の位で揃え

ます。表組みなら「右揃え」で揃えることができますが、テキストボックスの中の数字はスペースを入れて揃えるようにしましょう。4ケタ以上の数字には3ケタごとに「,（カンマ）」を振ることで、読み間違いも減ります。

資料に使用している数字を目立たせるテクニックとしては、数字の近くにレイアウトすることの多い「単位」の文字サイズを小さくする方法もあります。スーパーのチラシなどではよく使われる手法です。

例えば、ある商品の値段を「100円」と表示する際に、「100」と「円」とで文字の大きさには3〜5倍の差がつけてあることが多いようです。

円以外に、数字と一緒に並べられる単位としては、km、cm、cc、％などが挙げられます。これらの単位は必要なものではありますが、あくまで表示する際に見せたいのは「数字」です。数字と同じサイズでは、本来最も見せたい要素である数字を邪魔するノイズになってしまうので、単位は極力小さく表示するようにしましょう（図5-12）。

図5-12：数値と単位はメリハリをつけて表示

Section 08 ［決定力］字数を変えずに読みやすさを上げるテクニック

文字が少ないと錯覚させる

　1行が50字分のスペースがある資料に対して、どうしても200字を打ち込みたい場合、1行50字を4行の文章と、1行20字を10行の文章とでは読みやすさが全く変わってきます（図5-13）。

　もちろん、この2つであれば後者がベターです。なぜなら、資料の横幅ギリギリまで50字並んでいると、次の行に視線を送る際に読み間違いが起こってしまうからです。

　そのため、まず基本的なテクニックとして、1行の字数が少なくなるように、資料中のテキストボックスの幅はあまり広くしすぎないようにしましょう。文字数は変わらないのに、こうして見せ方を変えるだけで印象がガラッと変わります。

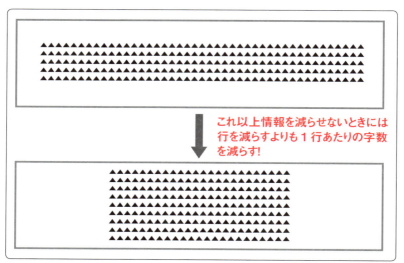

図5-13：同じ字数でもレイアウト次第で文字が減ったように見える

段組みで読みやすくする

　文字の多い資料を作成することの多いWordでは「段組み」という機能があります。この段組みを活用し、2段組みに設定すれば、1行を紙面の横幅いっぱいに表示するのではなく、横幅の半分のところで行が折り返されるため、見た目の印象が大きく変わるのです。これに似た見せ方を、PowerPointでもやっていきましょう。

　まず、文章全体をひとつのテキストボックスに入れるのではなく、意味のある区切りごとに小刻みに、いくつかのテキストボックスへ分割して用意します。

　この短い文章が入ったテキストボックス同士を、それぞれスペースを空けてレイアウトすることによって、それぞれが段組み機能のように、整理されているように見せることができます（図5-14）。

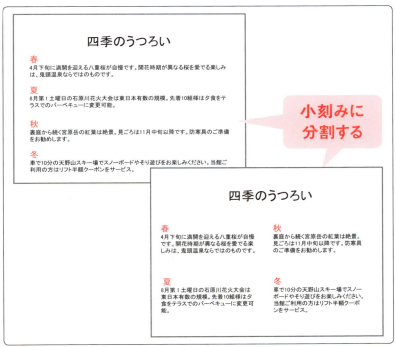

図5-14：「段組み」を参考に印象を変える

Section 09 [決定力] 専門用語は可能な限り避ける

相手がわかる、知っている言葉で伝える

どんなに美しいデザインのスライドを用意して、その上でわかりやすい図解も作成しているはずなのに、相手に伝わらないプレゼンがあります。そのひとつが、相手の知らない言葉を使ったプレゼンです。見たことも聞いたこともない言葉は音として拾うことさえ困難です。

これまでに私がプレゼンで聞いて、全く意味がわからなかった言葉は「スペキュラティブ・デザイン」です。そのときに電子辞書を持っていれば、何となくの想像でスペルを打ち込み調べることもできたのですが、ほとんどの人は辞書を持ってプレゼンを聞くことはありません。

後になって辞書を引くと、「スペキュラティブ (=speculative)」とは「思索的な、思わせぶりな」という意味で、さらに調べていくと「問題提起型の」という意味であることがわかりましたが、苦労して単語を特定できても、プレゼンが終わってしまっていては相手が伝えたかったことを推測することすらできません。

これは何も外国語に限った話ではありません。「フマノタイテン」という言葉があります。漢字交じりならば「不磨の大典」と書きますが、全く知らない人が耳にしたら理解できないかもしれません。このように、自分がよく使っている言葉を相手は知らないという状況は、意外によくあるのです。うっかりそんな言葉を使ってしまっては、相手を惑わせることになります。そして、相手を惑わせるようなプレゼンで、意思決定をしてもらうことは困難です。

こうした事態を避けるためにできることは2つあります。ひとつは、相手が知らないかもしれない言葉を発語した際に、その言葉について逐一説明することです。

「スペキュラティブ・デザインのスペキュラティブとは、本来は思索的、という意味です。そして、スペキュラティブ・デザインとは問題解決ではなく、問題提起をしていくような新しい試みのデザインのことです」と説明をした上で使っていけば、相手の疑問が長続きせず、プレゼンに集中させることができます。これは、新商品の企画、チームの方針などをプレゼンする際に使うとよいでしょう。

もうひとつは、相手の知識レベルに合わせて、最初から簡単な言い回しに置き換えて発語することです。

先ほどの「不磨の大典」であれば、ストレートに「大日本帝国憲法」、あるいはさらに噛み砕いて「古い憲法」と伝えてもよいでしょう。

また、ビジネスの現場ではついついよく使ってしまうけれど、実際のプレゼンでは避けた方がよい言葉もあります（**表5-4**）。これらの言葉は、特に年配の人向けのプレゼンで注意したいものです。

表5-4：プレゼンで避けた方がよいビジネス語

×	○
グローバル化	国際化
フェーズ	段階
コスパ	費用対効果
リスケ	（日程の）再調整
デフォルト	初期設定
○○マター	○○側の

資料やプレゼン本番でついつい使ってしまう言葉は、本人の中で癖となってしまっていることも多いので、なかなか自身では気付けないものです。

「この言葉は知られていないかもしれない」「他部署の人にはなじみのない用語の可能性がある」と常に注意するだけでなく、自分以外の第三者にチェックしてもらうようにしましょう（P.231参照）。

Column

用途によって「貼り付け」方法を使い分ける

　PowerPointでプレゼン資料を作成していると、WordファイルやExcelファイルから一部を「貼り付け」する作業が頻繁に起こりますが、用途によって使い分けると便利です。

　文字や図形などをコピーした状態でスライド上を右クリックすると、［貼り付けのオプション］の下にいくつかのアイコンが表示されます。コピーしたものの種類によって表示されるアイコンは違いますが、文字をコピーした場合は全部で4種類のアイコンが出てきます。

　［貼り付け先のスタイルを適用］では、貼り付け先のスライドにテーマカラー、例えば赤の設定が設定されている場合、自動的に文字色が赤系統に変換されて貼り付けられます。［元の書式を保持］の場合はテーマに関係なく貼り付けられます。［図］ではテキストが画像として貼り付けされるので、文言の修正ができません。テキストのスタイルが崩れて困るものは図として貼り付けた方が扱いやすくなります。［テキストのみ保持］では色やサイズなどの装飾はなく、プレーンテキストが貼り付けされます。

　なお、Excelからセルを「貼り付け」する場合は、［埋め込み］にすると、「貼り付け」した後にExcelで編集しても、自動的に同期されて便利です。状況によって数値が変わる可能性がある表などは［埋め込み］を活用しましょう。

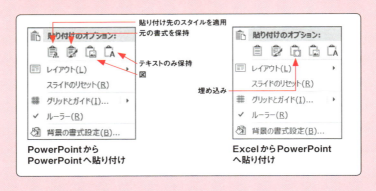

Chapter 06

プレゼンを決定に導く
スライドのポイント

紙の配布資料とスライドとは、全く別のものです。
スライドの大きな特徴は、「自由度」と「動き」です。
中でも、アニメーション機能と動画機能は、
相手をプレゼンに引き込むために
必要な機能だと言えます。
そこで、本章では、ここまでレクチャーしてきた
シンプルな資料を作成した上で、それを最大限に生かす
スライドの作成方法を紹介していきます。

Section 01 ［基礎知識］スライド資料作成時の注意点

資料とスライドは作り方を変える

　PowerPointを使っている人のほとんどは、「配布資料」作成のツールとしてだけではなく、「スライド」の作成ツールとしても使用しているはずです。この2つの用途がしっかりと分けられていればいいですが、多くの人が使用する際には特に区別がされていません。すなわち、1種類のデータを作って、それをスライドとして投影するとともに、配布資料としても使用しているのです。

　ところが、本書で何度も説明しているように、投影して使うスライドと配布する紙の資料とでは作り方や見せ方が全く異なります。したがって、ひとつのプレゼンでも別々に作っていくべきです。

スライド資料の注意点① 画面比率

　まず注意することは画面の比率です。配布するような資料を作る際にはサイズをA4やA3など、印刷する用紙によって設定しますが、スライドは用紙に近い比率の「4：3」か長細い「16：9」などから選びます。詳しくはP.180で説明します。

スライド資料の注意点② レイアウトの自由度

　また、配布用の資料を作成する場合には印刷にかかるコストや時間のことも考慮しますが、投影するスライドにはその制約はありません。フルカラーでもトナーは減りませんし、印刷の時間もかからないため、見て認識でき、読めるならどんなデザインも可能なのです。

それ以外にも、画面切り替え、アニメーションなどの「動き」をつけられるのも大きな違いです。動画や音声だけでなく、スライドを投影しながら画面に書き込むこともできます。感情を揺さぶるような効果や、リアルタイムの演出による臨場感も演出できるのです。

さらに、配布用の資料では本や新聞のように最初から最後まで一貫した編集ルールを持つことで作った人や会社をブランディングするのが基本中の基本ですが、スライドは違います。プレゼンターが口頭説明するため、細かいところにこだわる必要がないのです。極論すると、白いスライドの次がピンク色のスライドでも大丈夫です。全面写真のスライドでアッと驚かせて、次のページでは文字だけのスライドで「どういう意味？」と注目を集めることも可能です（図6-1）。

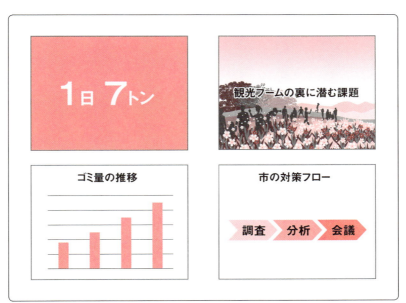

図6-1：スライドならページごとにデザインが違ってもOK

Section 02 [基礎知識] 画面比率の設定

画面比率は16:9か4:3か

　紙の資料を作成する場合は「スライドのサイズ設定」からスタートしましたが、スライドを作成する際は、「画面比率の設定」から始めましょう。プレゼンのスライドにおいて標準的な比率は「4:3」です。しかしPowerPoint2013以降はスライドサイズの初期設定は平べったいワイド画面「16:9」に対応した比率になっています。

　4:3と16:9のどちらが絶対によいということはなく、使う場面を確認していずれかのサイズを選択していきます（**表6-1**）。

表6-1：スライドサイズの一長一短

	長所	短所
4:3	どのようなスクリーン、モニターでもスタイル崩れしない	16:9のモニターで再生すると左右両端が空く
16:9	横長なので情報量が多く掲載できる	印刷すると、上下の余白ができてしまう

　例えば、社内では必ず会議室のモニターとケーブルでつないで映し、そしてそのモニターの画面比率が16:9ということであれば、最初から16:9で作っていきます。

　しかし、社内プレゼンに通り、社外でプレゼンをする場合などは、先方の投影方法が、プロジェクターかモニターかわからないことも多いでしょう。その場合は、従来型のプロジェクターやスクリーンに合わせて「4:3」で作っておく方が無難です。この比率であればA4用紙ともほぼ同じ比率なので、紙の資料用に加工する際にも役立ち、作業全体の時短にもつながります。

「最大化」と「サイズに合わせて調整」の違い

　社内プレゼン向けに16：9で作ったスライドを、社外プレゼンのためなどで今度は4：3に変更したいなどの場合には［デザイン］タブにある［スライドのサイズ］の［ユーザー設定のスライドのサイズ］から変更しましょう。変更する際には、「最大化」と「サイズに合わせて調整」の2つからいずれかを選択します。

　「最大化」に設定すると、スライドの左右を裁ち落とすイメージで、文字や図形が画面外側にはみ出してしまい、上手に表示されないこともありますが、「サイズに合わせて調整」の方は文字列が画面内に格納されるという違いがあるので、基本的には「サイズに合わせて調整」をおすすめします（図6-2）。

ワイド画面（16：9）

A4サイズを選び、「最大化」にした場合

はみ出てしまった部分の文字や図形が印刷されなくなる危険性がある

A4サイズを選び、「サイズに合わせて調整」にした場合

自動で調整されるため特に問題はない

図6-2：調整する際は「サイズに合わせて調整」がおすすめ

Section 03 [基礎知識] 注意喚起するように作る

自由度が高いのが特徴

　紙の資料は、もしバラバラになってしまった場合などに備え、順序を示すためにページ番号を入れるのが基本ですが、スライドであればバラバラになることはないので入れなくても大丈夫です（図6-3）。プレゼン後にデータを配布しない場合には、コピーライト表記も入れなくて問題ありません。紙の資料に比べると、スライドはここまで自由なのです。

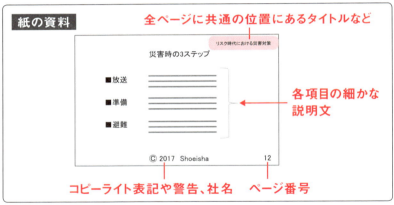

図6-3：スライドで不要なもの

　その上、プレゼンターがスライドを前にして話すわけですので、詳しい説明文なども不要です。つまり、紙の資料とは違い、スライドは「スライドだけで読まれる」ことはほとんどないということです。したがって、スライドは、プレゼンターの話へ相手の注意を向けるように考えて作成してみましょう。何かを紹介したい場合に、紹介したいものの名前をスライドに出しておいて「○○ってご覧になったことはありますか？」と聞き手に問いかけて、注目を集めた後、プレゼンターに都合のよいタイミングで、

答えを紹介するといったことも紙の資料にはできないスライドだけのテクニックなのです。

細かい説明文も不要

このように、インパクトで興味を引き寄せるということがスライドでは重要なので、スライド上には詳細な説明文が不要です。

紙の資料であれば、持ち帰って読まれるときのことを考えると図表などだけでは意味が伝わらないため、適度な文章が必要ですが、スライドは距離の離れたモニターへ投影することも多々あるため、細々した文字は相手にストレスを与えることになります。したがって、スライドではじっくりと読ませるような細かい文章を作るのではなく、キーワードを少し散りばめ、「何だろう？」と気になる程度の文章で十分でしょう（図6-4）。

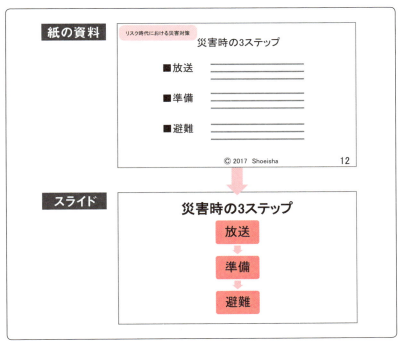

図6-4：スライドでは情報よりもインパクトを重視

Section 04 [基礎知識] 背景を設定する際のポイント

テーマごとに背景やデザインを変える

　ページ全体に背景色を設定した場合、印刷すると四辺に余白が出て体裁が悪くなることも多いですが、スライドにはそういう心配がありません。コーポレートカラーやテーマカラーで伝えたいメッセージがダイレクトに伝わるなら背景色をつけてもいいでしょう。

　乳がん防止のピンクリボンキャンペーンでは当然ピンク色がテーマカラーですし、2016年に東京都知事に当選した小池百合子氏はグリーンをテーマカラーに洋服も選挙グッズも緑で固めていました。色をうまく使った戦略を、プレゼンでも取り入れるべきです。

　スライドの背景は［デザイン］タブの「ユーザー設定」グループにある［背景の書式設定］で、ページごとに設定できます。

　また、P.63で紹介したスライドマスターは何種類でもスライドのフォーマットを作成できます。これを活用し、全体を3部構成にして、最初は「製品の性能」、次が「製品の価格」、最後が「製品の販路」とする場合などは、パートごとにテーマカラーを変えるのも有効です。「性能」のパートでは背景が全面写真のもの、「価格」のパートでは背景色が赤色のスライドマスター、「販路」のパートでは青色のスライドマスターと複数作っておくと、見る側は背景色が変わることで、説明の内容が切り替わったと直感的に理解でき、プレゼンへの理解度も自然と高まります。

ベストはやっぱり「白地」

　このように、ひとつのプレゼンの中に盛り込む要素がたくさんある場合などはデザインやレイアウトをスライドの内容ごとに変えるのもひとつの

やり方です。実際に色とりどりに作成されたスライドはよく見かけます。しかし、盛り込むべきことが数多くないことの多い社内プレゼン資料において、私のおすすめするのは「白地」です。

相手に無駄なくストレスもなく情報を伝え、決定へと導くような背景色はどのようなものかと言えば、資料と同じくやはり「白」がよいのです。なぜなら、プレゼンは芸術作品ではなく、相手にこちらの意図を無駄なく伝え、それに対して許可をもらうことが目的だからです。

本書でも紹介してきたことですが、白地はまず情報量が少ないことが特徴です。つまり、画面にホワイトスペース（余白）を大きく確保できます。その結果、写真やイラストなどの見せたいビジュアルを大きく入れて見せることが可能になります。あくまで、スライドのフォーマットは見せたいものを引き立てるための額縁であり、メインではありません（図6-5）。白地を使うことで、ページごとに見せたいものを明確に示すことができ、相手の理解を促進することができるのです。中でも、先ほど紹介したような3部構成にするほども分量がないスライドの場合は、基本的には白地を活用し、シンプルさを追求してみるとよいでしょう。

図6-5：背景はあくまで「額縁」

Section 05 [基礎知識] 画面切り替えを活用する

画面切り替えで注意喚起

　プレゼンのスライドは、1枚で完結することはほとんどないでしょう。したがって、プレゼンの最中に何度も画面を切り替える必要があります。この、画面を切り替える際にひと工夫を加えるだけで、印象が大きく変わります。ただ単調に画面を切り替えて次のスライドに移るのではなく、動きのある切り替えをすることで、相手の注意をより一層プレゼンへと向けることができるのです（図6-6）。

　画面の切り替えに効果をつけるには、[画面切り替え]タブを選択し、表示されるものの中から[ワイプ][スプリット]など、お好みのものを選ぶだけです。いずれかを選択した後に[効果のオプション]から画面を切り替える際の方向などを変更することも可能です（図6-7）。

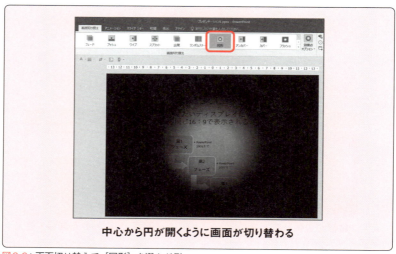

図6-6：画面切り替えで[図形]を選んだ例

また、「タイミング」グループの「期間」では画面が切り替わり終わるまでの時間を0.25秒単位で設定できます。切り替えがあまりに速い場合、見る人の目を疲れさせてしまうことにもつながるので、初期設定の秒数から「02.00秒」程度にしておくとよいでしょう。秒数を変更した後は、［プレビュー］で見え方を確認しておきます。

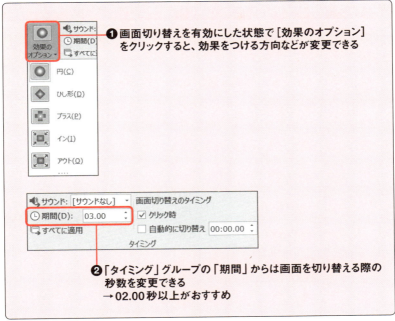

図6-7：動く方向や切り替わる時間も設定できる

1種類に限定すればストレスフリー

　画面切り替えは、凝るとなかなか奥が深く、あれこれと試してみたくなるかと思います。しかし、次のページに移動するごとに全く違う動きを見せてしまうと、相手を疲れさせてしまいます。

　したがって、画面切り替えも「引き算」し、原則としてひとつのスライドにつき1種類にしましょう。

Section 06 [基礎知識] アニメーションを活用する

情報を動的に提示する

　スライドに動きをつけるには、前項で紹介したページを切り替える際の動きだけではなく、ひとつのページの中で文字や図形を動的に出現させる「アニメーション」という機能もあります。アニメーション機能を活用すれば、3つの要素を説明したい場合などに、最初から3つの情報を並べておくのではなく、まず①を出して説明し、それが終わったら次に②を出現させ、最後に③を出す、という見せ方ができるのです（**図6-8**）。

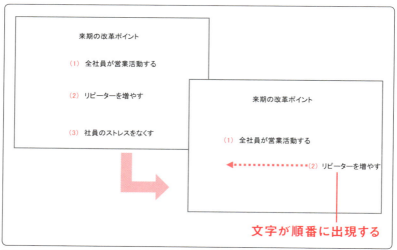

図6-8：説明する順番に表示させれば相手も理解しやすい

　アニメーション機能を使うには、動きをつけたいテキストボックスや図形、画像などを選択した状態で、［アニメーション］タブを選択し、「アニメーション」の一覧から動きを選択しましょう。そして、動くタイミングを「タイミング」グループの「開始」から決定します。［効果のオプショ

ン］からは動きの方向なども変更できます。

　また、「アニメーションの詳細設定」グループの［アニメーションウィンドウ］をクリックすると、画面右側にウィンドウが開き、開始のタイミングなどを選択できます。各アニメーションの右にある▼をクリックするとウィンドウが開き、［効果のオプション］を選ぶと、開始（出現させる）のタイミングや「継続時間（秒数）」や「繰り返し」なども一括設定できます（図6-9）。画面切り替えのときにも説明しましたが、あまりにも速く動いては見る人にストレスを与えてしまうので、基本的には「2秒（普通）」以上のゆっくりした速度で見せる方が親切でしょう。

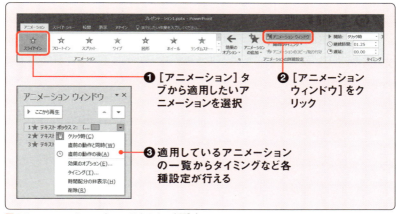

図6-9：アニメーションウィンドウから一括設定

種類と使う箇所を限定する

　アニメーションにしたいオブジェクトが3つあれば、図形①には「フェード」、図形②には「スプリット」、図形③には「ワイプ」のように、それぞれ別のアニメーションを設定できますが、全てをバラバラな動きにしては見る人の目を疲れさせてしまいます。「スライド全体ではひとつのアニメーションしか使わない」とまでは言いませんが、ここでも「引き算」して、少なくとも1画面の中ではアニメーションはひとつに限定して使っていきましょう。

Section 07 [決定力] 情報を「消す」

「出す」以外に「消す」も活用する

　アニメーションは、動きをつけたり、オブジェクトを出現させたりするだけではありません。逆に「消す」ことも可能です。

　例えば、見せたい文字を図形で隠しておき、アニメーション効果によって図形をタイミングよく消して下に隠れていた文字を見せるという方法があります。隠れているものは「見たい」、「何があるのか知りたい」という心理が聞き手に働くため、最初から文字が見えているよりも注意喚起できます（**図6-10**）。

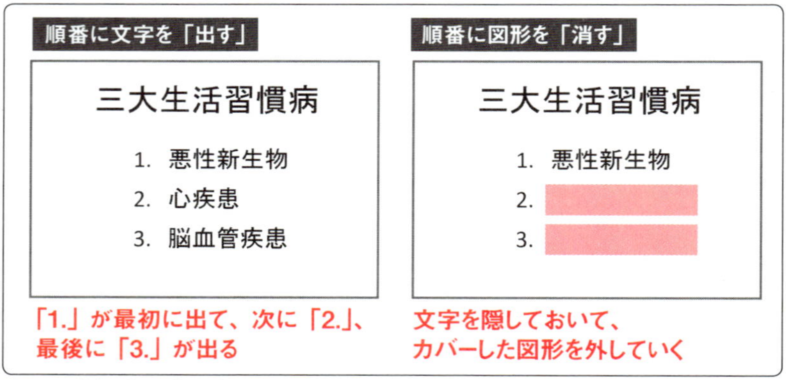

```
順番に文字を「出す」              順番に図形を「消す」

    三大生活習慣病                    三大生活習慣病
  1. 悪性新生物                    1. 悪性新生物
  2. 心疾患                        2. ▬▬▬▬▬
  3. 脳血管疾患                    3. ▬▬▬▬▬

「1.」が最初に出て、次に「2.」、    文字を隠しておいて、
最後に「3.」が出る                 カバーした図形を外していく
```

図6-10：「出す」と「消す」

途中のオブジェクトを引き算する

　「消す」効果の応用として、「出す」と「消す」を繰り返す手法があります（**図6-11**）。ポイント1、ポイント2、ポイント3を説明するような場合を考えて見ましょう。最初に「これからポイントを3点紹介します」とい

うような説明を口頭でして、スライドではポイント3つ全てを表示しておきます。

　そして、次のページへ移動し、ポイント1の内容をスライドに表示し説明します。ポイント1の説明が終わったら、次のポイント2を表示して説明します。ポイント3の説明を終えたら、最後におさらいとして「以上、今紹介したのは、この3点でした」と全てを表示し、読み上げます。

　この手法は、スライド作成者の手間こそ増えはしますが、見ている相手にとっては、その都度に必要な情報しか画面に表示されていないので、説明されている内容に集中させることができます。

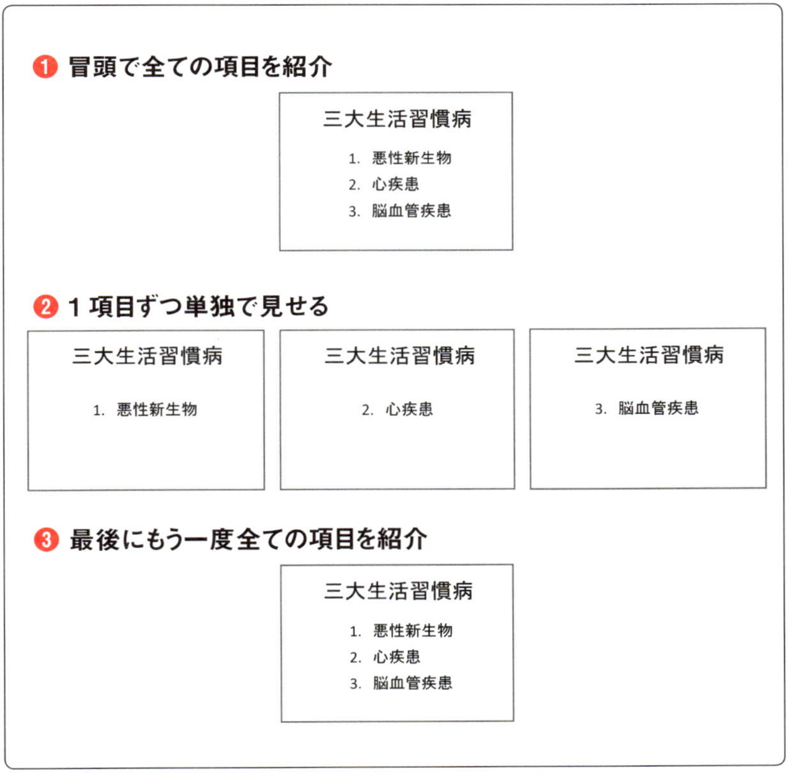

❶ 冒頭で全ての項目を紹介

三大生活習慣病
1. 悪性新生物
2. 心疾患
3. 脳血管疾患

❷ 1項目ずつ単独で見せる

三大生活習慣病	三大生活習慣病	三大生活習慣病
1. 悪性新生物	2. 心疾患	3. 脳血管疾患

❸ 最後にもう一度全ての項目を紹介

三大生活習慣病
1. 悪性新生物
2. 心疾患
3. 脳血管疾患

図6-11：「出す」と「消す」を組み合わせる

Section 08 ［決定力］グラフにインパクトを持たせる① 棒グラフ

動きがあればインパクトが出る

　テレビのニュースなどで、縦棒がゼロ地点から伸びていくグラフを見たことがあると思います。PowerPointでもこうしてグラフに動きをつけることができることをご存じでしょうか。

　右肩上がりに数値が増えていることをアピールしたい場合を考えてみましょう。静的なグラフを見せても、もちろん問題はありませんが、それよりも、グラフがどんどんと高く伸びていく動きを見せる方が直感的に「数字が右肩上がりで上昇している」と相手に伝わるはずです（**図6-12**）。

　当然、加工の手間はかかりますが、動きを見せればいちいち「この数値が増えました」「時系列で増えました」と言葉で解説する必要もなく、一瞬で相手に動向を直感してもらえます。

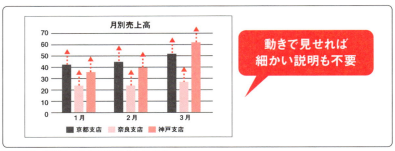

図6-12：棒グラフは伸びる動きを見せる

見せたい順で選ぶ動きが異なる

　棒グラフで動きを見せるには、まず基本となる普通のグラフを作成しておきます。そのグラフ全体にアニメーション効果を設定し、さらに順番で

表示するように、2段階で設定していきましょう。

　なお、グラフの出現の方法は「系列内の要素別」「項目内の要素別」に分かれます。「項目」とは図6-12であれば「1月」「2月」「3月」のことを指します。「系列」とは、図6-12であれば「京都支店」「奈良支店」「神戸支店」のことです。

　グラフを順番に出現させるには、まずグラフ全体にアニメーションを設定します。グラフを選択した状態で、[アニメーション]タブの[アニメーション]から、[ワイプ][スライドイン]などの効果を選びます。すると、左上に[1]などの数字が表示されるのでクリックします。次に[効果のオプション]の右下にある右下向き矢印をクリックすると効果の設定画面が開きます。[グラフアニメーション]タブを選択し、[グループグラフ]のプルダウンメニューから[項目別]を選んで[OK]をクリックすると、1項目のみの棒グラフであれば、棒が左から順に表示されるように変わります。

　ちなみに[グループグラフ]のプルダウンメニューから[系列内の要素別]を選ぶと京都支店の1月、2月、3月という順に、[項目内の要素別]を選ぶと1月の京都支店、1月の奈良支店、1月の神戸支店、次に2月の京都支店、奈良支店、神戸支店、という順に表示されます（図6-13）。

　また、[アニメーション]タブ内の「タイミング」グループの「継続時間」で、出現の速度も調整可能です。

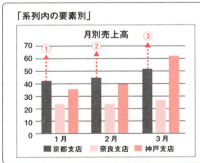
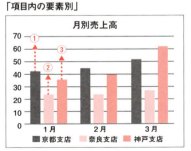

図6-13：「系列内」と「項目内」

Section 09 [決定力]
グラフにインパクトを持たせる②
円グラフ・折れ線グラフ

項目を順に出す円グラフ

　前項で紹介した棒グラフだけでなく、円グラフや折れ線グラフにも動きをつけることができます。

　円グラフは、最初から全貌が見えていると相手はどこに注目すればいいかわかりませんが、アニメーションをつけることで、クリックごとに扇形のパーツ（要素）が表示され、各パーツを確実に見せていくことができます。数値の大きい要素は出現までに時間がかかるので、その部分のボリュームが大きいのだと直感できます。また、それぞれの角度や面積を視覚に訴える効果も生まれます。

　円グラフに動きをつける際にも、棒グラフと同じく、まずグラフ全体にアニメーションを設定してから、項目ごとに個別に設定をしていきます（P.193参照）。

　棒グラフと同様に、まずグラフ全体にいずれかのアニメーション効果をつけたら、次に左上に出る数字をクリックし、［アニメーション］タブ内「アニメーション」グループの［効果のオプション］の右下にある右下向き矢印をクリックします。なお、円グラフのパーツにつけられるアニメーションには［項目別］しか選択肢がありません。［項目別］を選択し、［OK］をクリックすれば、時計の正午の位置から時計回りに、項目が次々に表示される効果が付加されます。

　また、［スライドイン］や［ワイプ］などの効果は、グラフタイトルや凡例など、文字部分にのみ設定されるので円自体はどの効果を選んでも同じ動作になります（図6-14）。

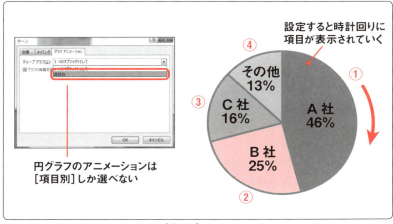

図6-14：円グラフのアニメーションは［項目別］だけ

折れ線グラフも項目ごとに見せる

　残念ながら、折れ線グラフでは棒グラフのように時系列で左から右へと伸びていくようなアニメーションは作成できませんが、グラフごとに順番に表示するものなら作成可能です。

　折れ線グラフも、グラフにアニメーションを設定して、詳細設定に進むまでは、棒グラフ、円グラフと一緒です。折れ線グラフの「グループグラフ」では［系列別］［項目別］の2種類が選べるようになっています。

　2種類のどちらを使うべきかと言えば、基本的には［系列別］がおすすめです。2012年から2016年にかけてのアメリカのグラフ、イギリスのグラフ、日本のグラフの3つを見せる必要があり、特に日本のグラフを強調したいような場合に、［系列別］を使えば他のグラフを最初に表示しておき、最後に日本のグラフを出現させることで、強調できます。

　［項目別］はほとんど使いません。［項目別］のアニメーションでは、2012年の各国のグラフ、2013年の各国のグラフ……というように分断されたグラフが表示されていくので、グラフ全体の勾配で情報を提示するのが特徴の折れ線グラフを見せるための手法としては、ふさわしくないからです。

Section 10 [決定力] スライドに動画を挿入する

百聞は一見に如かず

　ある「もの」を見たことがない人に、口頭説明だけでその「もの」を伝えていくことは非常に難しいものです。そこで「百聞は一見に如かず」のことわざにならって、絵や写真などで見せる方法が使われるわけです。

　ところが、見せたいものが「動的」な場合には、説明するのはさらに難易度が上がります。こうしたものは、映像で見せて直感してもらうのが一番の近道です。

ハイパーリンクでネット上の動画を見せる

　そのためにはオブジェクトに「ハイパーリンク」を設定すると便利です（図6-15）。

　文字やアイコンを選択した状態で、[挿入]タブの[動作]を選び、表示されるウィンドウの「ハイパーリンク」にチェックし、プルダウンから[URL……]を選択します。表示されるウィンドウの入力欄にリンクしたいURLを入力して[OK]をクリックすると、ハイパーリンクが設定されます。以降、設定したオブジェクトを[Ctrl]キーを押しながらクリックするか、右クリックして[リンクを開く]を選択するだけで、新しいウィンドウが開き、自動的に再生がスタートします。

　ただし、ハイパーリンクはインターネットが通じている環境でなければ使えません。自宅やオフィスで何度も確認しても、「出先ではネット通信がなく再生できなかった」ということのないよう注意しましょう。

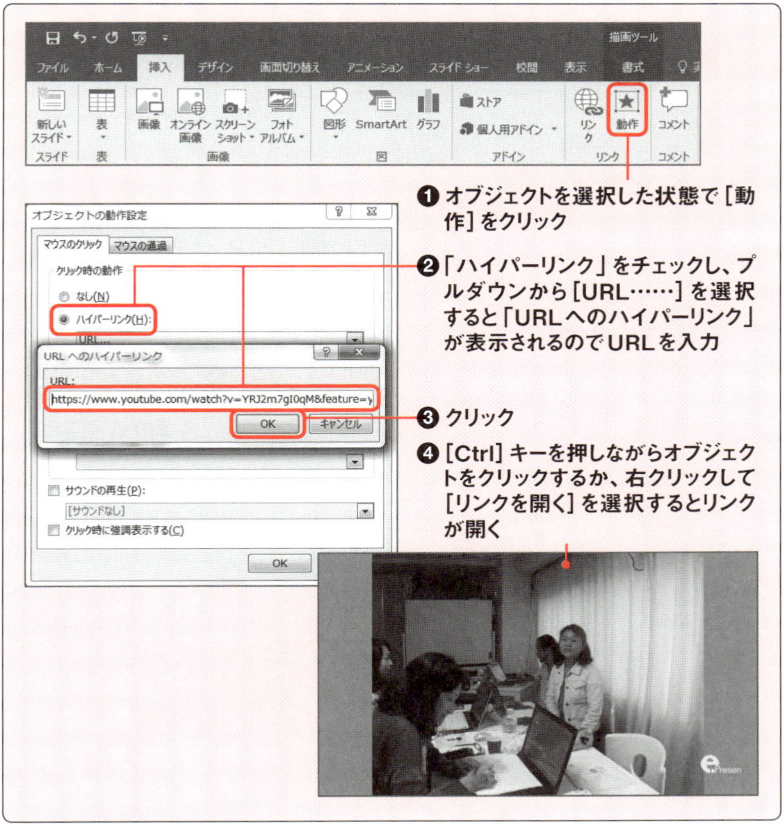

図6-15：ハイパーリンクの設定

　なお、ネット環境がないところでのプレゼンでは、スライドに動画を埋め込みます。2017年7月現在、PowerPointのデータにはYouTubeの動画のみ埋め込むことが可能です。

　埋め込むには、まず該当するYouTube動画の再生画面の上で右クリックし、[埋め込みコードコピー]をクリックします。次に動画を入れたいスライドで[挿入]タブの「メディア」グループにある[ビデオ]から[オンラインビデオ]を選ぶと「ビデオの挿入」ウィンドウが開きます。一番下の[埋め込みコードをここに貼り付け]欄に、コピーした埋め込みコードを貼り付けして右側の「→」をクリックすると、YouTube上の動画が挿入され、再生も可能になります（図6-16）。

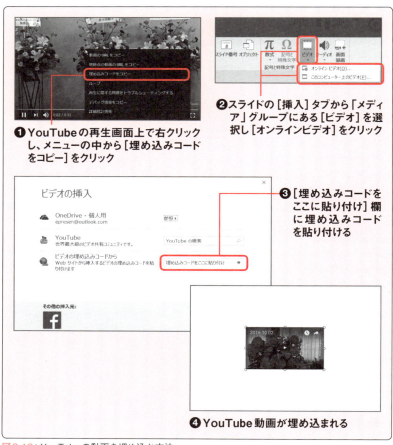

図6-16：YouTubeの動画を埋め込む方法

オリジナル動画を埋め込んで見せる

　次に、インターネット上にはない、自分で撮影した動画などをスライドに表示する方法を紹介します。

　まずは撮影した動画をパソコンに取り込みます。そしてPowerPointのページ内で［挿入］タブの「メディア」グループにある［ビデオ］から［このコンピュータ上のビデオ］へと進み、表示したい動画を選んでクリックするとスライドに動画が挿入されます。

長い動画は「ブックマーク」を活用

スライドに動画を挿入する際の注意点ですが、流している時間が長いと相手を飽きさせてしまいます。見せる動画の長さとしては1分くらいが目安でしょう。したがってあまりにも長い動画は編集して短縮した動画ファイルを挿入するようにしましょう。

編集テクニックがない場合は、「ブックマーク」機能を活用し、見せたい時点から再生、見せ終わったら停止という方法を使いましょう（**図6-17**）。

動画を選択した状態で「ビデオツール」の［再生］タブを選び再生します。見せたいタイミングに差しかかったら、「ブックマーク」グループにある［ブックマークの追加］をクリックすると、黄色い●のマークで動画下部のバーにブックマークがつきます。スライドショー再生時には、このマークをクリックすると、その時点から再生を開始できます。

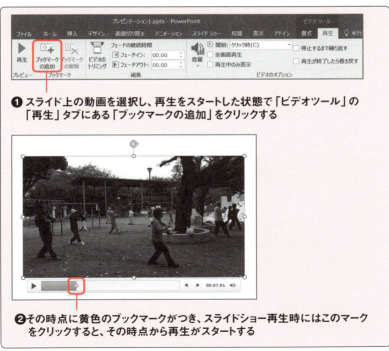

❶ スライド上の動画を選択し、再生をスタートした状態で「ビデオツール」の「再生」タブにある「ブックマークの追加」をクリックする

❷ その時点に黄色のブックマークがつき、スライドショー再生時にはこのマークをクリックすると、その時点から再生がスタートする

図6-17：ブックマーク機能で見せたいところだけ見せる

Section 11 ［決定力］動的画面で認識できる字数を知る

字幕の字数は決まっている

　私は長年テレビのニュース番組の仕事に携わってきましたが、ニュースが始まる前に見せるテロップ（字幕）は「約3秒間」提示され、その字数は「16字まで」と決まっています。テレビ放送開始以来60年以上が経ちますが、これは毎秒ごとの視聴率によって研究され続け判明した数字です。それ以上の字数の文字を出しておいても読まれない、意味を理解されない傾向にあるというテレビ業界の常識です。

　その他に動的な画面に文字が表示されるものの代表的なものとして、映画の字幕があります。この字幕ですが、「1秒につき4字」が基本とされています。10秒だとしたら4×10＝40字。たったこれだけです。ちなみに、外国語の場合は「1秒につき10字」が目安となっているそうです。

　また、字幕は映画だけではなく、テレビ番組にもつけることがあります。こちらは、1分間で最大300字、つまり「1秒につき5字」です（図6-18）。

図6-18：1秒あたりの字幕の字数

プレゼンの時間から逆算する

　字幕において映画＝4字/秒、テレビ＝5字/秒という字数は長い歴史の中で研究されてきたものです。スライドに出していく字数も、これにならって同程度まで減らすべきです。

　プレゼン時間が10分と決められている場合、そのスライド説明にかけられる時間、つまり見せておける時間は何分何秒あるのかを先に考えてから、ページに出す文章、文字の字数を算出するのが有効です。

　全体を3パートで説明する場合、最初の挨拶と概要説明で1分、最後のまとめに1分が必要だとしたら、残りは8分です。それぞれのパートに「2分30秒、3分、2分30秒」と時間配分したなら、その時間で説明できるボリュームはおのずと計算できるでしょう。この計算した字数を基に、スライドを作っていきましょう。

Column

©マークの入れ方

　著作権者を示すコピーライト表記は「©」を使います。しかし、多くの人が、このマークの挿入方法がわからず、「(C)」で代用しているのではないでしょうか。そこで、「©」の挿入方法を紹介しましょう。

　P.25で説明したように、基本的に「©」はフッターに設定します。フッターを挿入するには［挿入］タブの［ヘッダーとフッター］から設定していくのですが、フッターの入力欄には特殊記号を挿入できません。

　そこで、まずスライド上にテキストボックスを作成し、そこに「©」を挿入します。「©」は［挿入］タブの［記号と特殊文字］から探していきますが、フォントによってはマークが用意されていないこともあるので、その場合は「MS Pゴシック」にフォントを変更しましょう。［記号と特殊文字］からさらに［記号と特殊文字］をクリックし、右上にある「種類」のプルダウンメニューから［囲み英数字］を選択しましょう。［©］を選んで［挿入］をクリックすると、テキストボックスに挿入されます。

　次にそれをコピーし、「ヘッダーとフッター」ウィンドウの「フッター」のところに挿入しますが、［ホーム］タブの［貼り付け］や右クリックによる［貼り付け］は使えないので、キーボード操作で［Ctrl］キーを押しながら［V］キーを押し、貼り付けます。

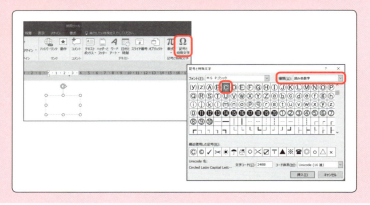

Chapter 07

シンプル資料が生きる プレゼン本番のポイント

本章では、いざプレゼン本番の際に
注意するべきことを紹介していきます。
いくら資料が重要だとは言え、
やはりプレゼン本番で失敗してしまっては
「決定」を手にすることはできません。
本章の内容は、ここまでメインとして扱ってきた
「社内プレゼン」だけではなく、「社外プレゼン」の際にも
役立つはずです。

Section 01 [基礎知識] 最初に概要を伝える

冒頭で概略を宣言する

　イベントでも旅行でも、そして業務でも、予定が全くわからないものに付き合わされると不安でストレスを感じるものです。ところが、プレゼンとなると何の予告もなしに始めてはいないでしょうか。

　「これから何の話が始まるんだ？」、「時間はどれくらいかかるのだろうか？」と先が見えないまま付き合わされるプレゼンに聞き手が集中できることはありません。したがって、いきなり本題に入るのではなく、まず「概略」を伝えるところからプレゼンを始めるようにしましょう（図7-1）。

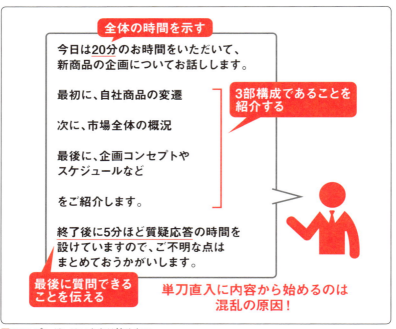

図7-1：プレゼンはいきなり始めない

目次や中扉で構造を伝える

プレゼンターがプレゼンの概要を伝えるだけではなく、スライドにも工夫が必要です。スライドでは、プレゼンの構造が理解できるようにしてみましょう（図7-2）。

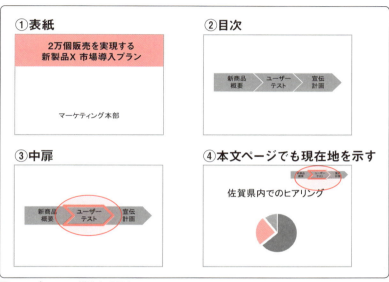

図7-2：プレゼンの構造を明示する

[①表紙]

まず、紙の資料であれば表紙にあたる1枚目のスライドに出すプレゼンタイトル（表題）が「来期の事業計画について」「新システムA企画書」ではどんな内容かわかりません。「利益5％増を目指す来期の県内集客案」「鉄鋼業界初の新システムAのご紹介」のように、プレゼンの結論やキーメッセージとなるフレーズを入れておくことで相手の心をつかむことができます。

[②目次]

次に、全体の流れがわかる「目次」に類するものも用意しておきましょ

う。目次ですが、P.53で紹介した、情報を端的に伝えて記憶されるには3点がベストだということを念頭に置いて作成すると、より相手の理解が深まります。基本的には「1）2）3）」、「上・中・下」のように全体を3部構成にするとよいでしょう。

また、ただ項目を羅列するのではなく、図7-2のように視覚的なものを作成すると直感力が高まります。

[③中扉]

「中扉」とは書籍などで内容が「部」や「篇」で分けられている場合にそれらの区切りとして設けられるページのことですが、スライドでもこの「中扉」を用意するとよいでしょう。

プレゼンで話すトピックが何の脈絡もなく次々に切り替わってしまうと相手を混乱に陥れてしまいます。反対に、トピックが切り替わる前に中扉が挿入されれば、相手は「これからトピックが変わるんだな」と理解でき、プレゼンターの話に集中できるのです。中扉は、用意した目次を使いまわし、これから扱う部分の色を変更したり、フォントを太くしたりするだけでも問題ありません。「これから内容が切り替わります」と相手がわかるようにしましょう。

[④現在地]

最後に、スライドのページにはプレゼンの「現在地」を示すようにしましょう。スライド上に、中扉に用意したものを配置するだけでも結構です。

Section 02 [基礎知識] 「早口」が決定を遠ざける

Chapter 07 シンプル資料が生きるプレゼン本番のポイント

スライドを指せば話し方がゆっくりになる

プレゼンでは、スライドは当然のことながらプレゼンターの話しぶりでも相手の理解度に違いが出ます。特に、話すスピードに関しては注意しましょう。

普段の会話で「早口だ」と周りから注意を受けることはありませんか。私も小さいときからずっと注意され続けてきました。「話し方が遅すぎるから、もっと早口で話しなさい」と言われる人はなかなかいません。話すスピードに関しては「早口だ」と注意を受ける人がほとんどです。

実際、早口で話されると聞く側も話に追いついていくことに必死になってしまい、内容がなかなか理解できません。

「早口だ」とよく注意されてしまう人に試してもらいたいのが、私がテレビ局のベテランアナウンサーに教わった方法です。特に難しいことはなく、スクリーンやホワイトボードに映った字や図形などのオブジェクトを指しながらプレゼンを進めていくだけです（図7-3）。

図7-3：スライドを指し示しながら話す

例えば、箇条書きで項目がスライドに3点映し出されていたとしたら、1行ずつ指しながら「ひとつ目はイラスト、次が写真、そして最後の3番目が図解です」といったように説明していくのです。

自分で録画して比較するとわかりますが、原稿をただ読み上げたり、暗記して話したりするときとは確実にスピードが変化します。

指し示すものがないときにはイメージで

スライドを指しながら話すという非常にシンプルで便利な方法を紹介しましたが、スライドに箇条書きや図解、写真などの指し示すようなもの、つまりオブジェクトがない場合もあります。スライドには表示していない「データ」を口頭で「1回から3回の計測結果はそれぞれ0.20、0.15、0.31でした」と伝えるようなケースや、同じくスライドには表示していない「位置関係」などを伝える場合です。その場合は、頭の中で該当する数値や場所をイメージすると、スライドを指しながら話すのと同じような効果を得られます。棒読みが回避できるだけでなく、プレゼンター自身も情報を整理、把握しながら話すことができるので、自信を持って伝えられるようになります（図7-4）。

図7-4：頭の中の整理にもつながる

Section 03 [決定力] 聴衆の注目を集める方法

沈黙で戦略的な「間」を作る

　聴衆が静かで、こちらに集中しているプレゼンが理想的ですが、残念ながら大勢の聞き手がザワザワとしている中でやらなければいけない局面も少なからずあります。ザワついている状態を静めて、相手の注意を自分に向けるためにはいくつかの方法があります。

　誰にでも思いつく最も簡単なものは、大きな声で「静かにしてください」「私の話を聞いてください」と叫ぶことでしょう。しかし、このような威圧的な命令口調では反感を買って会場全体がさらに沸き返ることにもつながりますし、プレゼンターの印象を悪くしてしまうのでおすすめしません。

　私語をしている人物の近くに歩み寄って話すことも方法のひとつです。それでも私語が止まらない場合は「あなたは○○を見たことがありますか」「△△は好きですか」といった簡単な質問を投げかけてみましょう。多くの人は悪目立ちすることを嫌いますから、この方法ならほとんどの人が私語を止めます。

　これでもまだザワザワしている場合には、どうすればよいのでしょうか。私のおすすめは、プレゼンター自身が長時間黙ってしまう方法です。これは、アナウンサー出身の大学教授が大講義室での授業の際に常に実践されていたという手法です。「静かにしてください」と伝えるのではなく、こちらが沈黙した方が「おや、どうしたの？」と聴衆の注目を集められるのです。私もよく使う方法ですが、驚くほどに効果てきめんなのでぜひ実践してみてください。ザワザワしていた空間が、嘘のように静まり返ります（図7-5）。

　静かにさせて注目をプレゼンターに集めたところで重要なメッセージを話せば、普通に相手に伝える場合の何倍もの訴求効果も得られます。

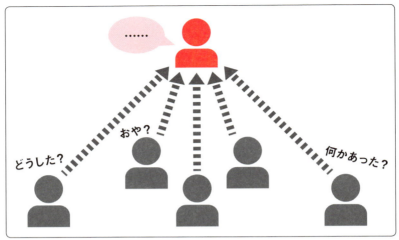

図7-5：「無言」で注目を集める

画面を消すことも有効

　ここまで紹介した方法は、主にプレゼンターが現場で何かアクションを起こすものですが、プレゼンターの行動以外にも注目を集められる方法があります。シンプルな方法ですが、スライド画面を消すのです。

　スライド画面を消すには、スライドショーを実行中にキーボードで［B］キーを押すだけです。これだけで、相手は「おや？」という表情になることでしょう。提示されていた情報が全て消えるため、必然的に聞き手の視線がプレゼンターに集まります。通常の画面に戻すときには、［Esc］キーを押します。

　会場の照明が落とされているような、暗い場所でプレゼンを行う際にはこのように暗転させるのが有効ですが、会場が特に暗くない場合には、暗転させるのではなく、画面を真っ白にしてみましょう。その際も、スライドショーを実行中に［W］キーを押すだけです。

　なお、手が滑って先のページにスライドを進めてしまっては絶対に困るような場合、全体が黒色のスライド、白色のスライドを作れば同様の効果を演出できます。これなら、スライドをめくるだけでスムーズに暗転をはさむことが可能です。

Section 04　[決定力]
発表者ツールを活用する

Chapter 07　シンプル資料が生きるプレゼン本番のポイント

次の画面を確認しながら進行できる

　スライドを使ったプレゼンでは「発表者ツール」を使うと便利です。発表者ツールとは、スライドショーを実行中にパソコンの画面でスライドやメモに代わる「ノート」などを確認できる機能の総称です。発表者ツールを使えば、聞き手が見ている画面とは別の画面を見ながらプレゼンを進められます。なお、発表者ツールを表示する画面のことを「発表者ビュー」と呼びます（図7-6）。

　「発表者ビュー」では、投影されているスライドが左側に大きく表示され、左上にはスライドショーを開始してからの経過時間（時：分：秒）、右上には現在時刻が表示されます（図7-6）。与えられた全体時間のうち、どれくらいが経過していて、予定していた進行より早いか遅いかなどを時計や

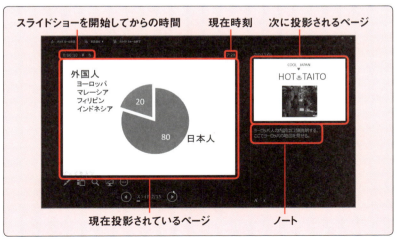

図7-6：発表者ビューの画面

ストップウォッチを見ることなしに確認できます。また、右側には次に投影する画面が出ているので、次の画面で話すテーマや操作を気にしながら現在のスライドを説明できるというメリットもあります。普通にスライドショーを実行するだけでは、画面全面にスライドが表示されるだけで、時刻やノートなども表示されないため、ぜひとも活用したい機能です。

　発表者ツールを使用するには、［スライドショー］タブの「モニター」グループにある「発表者ツールを使用する」にチェックを入れておきます。これで、プロジェクターなどに接続した時点で「発表者ビュー」が表示されます。

　プロジェクターに接続していないときに「発表者ビュー」を確認したい場合には、スライドショーを実行した状態で左下にあるアイコンをクリックします。薄くて見にくいですが、アイコンが6つ表示されているので、一番右のアイコンをクリックし［発表者ビューを表示］を選ぶと画面が切り替わります（図7-7）。

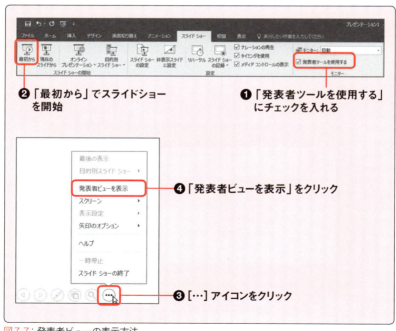

図7-7：発表者ビューの表示方法

台本としても活用できる

P.211で紹介したように発表者ビューの右下には「ノート」を表示させることができます。ノートには、そのスライドで説明したい内容や、「ここで実物を見せる」「聴衆に問いかける」などのアクションを書いておけば、プレゼン中に行いたいアクションを忘れることなく実行できるでしょう（図7-8）。[表示]タブにある[ノート]をクリックすると、スライド下部にノートを入力する欄が表示されます。

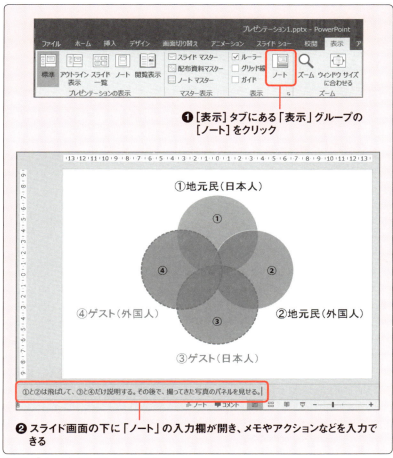

図7-8：「ノート」を台本として活用する

Section 05 [決定力] ライブ感を演出する

その場で書き加えてライブ感を出す

　プレゼンをする上で重要なことのひとつは、聴衆を巻き込むようなライブ感を演出することです。そこで、本項ではまずライブ感を演出することに役立つPowerPointの機能を紹介します（図7-9）。

　PowerPointでスライドショーを実行中に左下に表示されるアイコンのうち、左から3つ目のペンのアイコンをクリックすると演出の候補が表示されます。

　一番上に表示されている［レーザーポインター］を選択すると文字通りにカーソルがレーザーポインターのようになり、画面上を指し示すことができます。遠く離れた場所から操作するレーザーポインターだと該当の箇所をうまく指せないことがありますが、プレゼンターが手元のパソコン画面を見ながらマウスでポインターを操作できるならば確実です。

　レーザーポインターの下に表示されている［ペン］、［蛍光ペン］は、好きな色を選んだ上で画面上に線や文字を書き加えられる機能です。スライドの中で現在話しているトピックを丸で囲ったり、重要な箇所に線を引いたりすることでライブ感の演出につながります。書き足したものは［消しゴム］を選択することで消すことができますし、［スライド上の全てのインクを消去］を選択することで一括消去も可能です。

　応用として、ただライブ感を演出するだけではなく、もし資料に入れ忘れてプレゼン開始までに修正する時間がない場合や、その場で頭の中に浮かんだ言葉などを書き加えたい際にも活用できる便利な機能だと言えます。

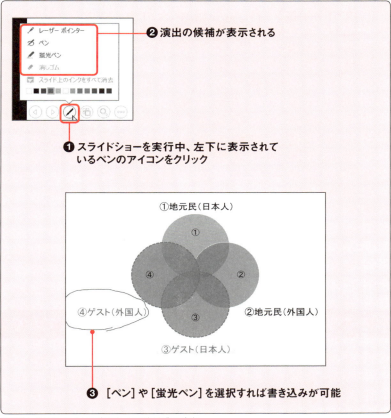

図7-9:リアルタイムで書き込んで臨場感を演出

重要ポイントは拡大表示してよく見てもらう

　左下に並ぶアイコンのうち右から2つ目の虫眼鏡のアイコンも、ライブ感の演出に役立ちます。このアイコンをクリックし、スライド画面のどこかをもう一度クリックすると、その部分を拡大表示することができます。表や写真など、ある部分を一時的に大きく見せて説明したいときに役立つ機能です（図7-10）。これもまた紙の資料ではできない、臨場感を演出できる効果です。拡大して見せ終わったら、［Esc］キーを押すとスライドショー画面に戻ります。

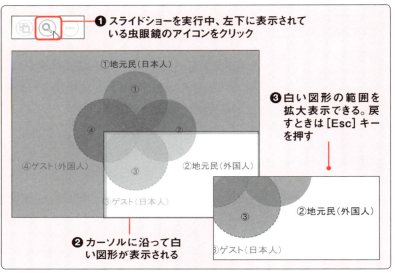

図7-10：強調したい箇所は拡大表示

「ところで」「さて」などの「つなぎ言葉」を考えておく

　ここまではPowerPoint上でライブ感を演出する方法を紹介してきました。ここからは、プレゼンターがライブ感を演出する上で必要なことを紹介していきます。

　プレゼンターがライブ感を演出する上で必要とされることは、まず「沈黙を作らない」ということでしょう。いくらプレゼンの構成をしっかり考えて資料も完璧に作り込んでいても、いざ本番のプレゼンで言いよどんだり、話に詰まったりしてしまうと聴衆の心をつかむことはできません。

　では、本番で話に詰まる人は何が問題なのかと言えば、話題と話題との間をつなぐ言葉を考えていないことです。話題と話題の間にはわずかなすき間があります。つなぐ言葉を考えていないから、商品コンセプトの説明をして、費用の話題へと移ろうとしたとき、「さて、次は何を言うんだったっけ？」と考えてしまい、「えーと」「あのー」と言いよどんだり、沈黙したりしてしまうわけです。

　したがって、事前に話題転換の際に使う「つなぎ言葉」を準備しておく

とよいでしょう。「つなぎ言葉」とは「まず」とか「次に」や、「ところが」のような言葉です（図7-11）。これらの言葉を、転換した後に話すトピックと合わせて書いたメモを手元に台本として準備しておくと便利です。「ところが：開発のトラブルの話題」のように書いておくだけで、しどろもどろになってしまうことがなくなります。

まず、	ではここから、
では、	さて、この次は、
すると、	ところで皆さんは、
次に、	次にお伝えしたいのは、
続いて、	最後にご紹介したいのは、
ところが、	最後にもう一度繰り返します

図7-11：話題転換の「つなぎ言葉」を用意しておく

聞き手には背を向けない

　あまり言及されないことですが、プレゼンで非常によく見受けられる、プレゼンターがスライドの投影されたスクリーンを向き、そちらを指しながら説明している姿は実はよくありません。

　「えっ、それが普通ではないの？」「何が問題なの？」と思う人もいるかもしれません。しかし、よく考えてみてください。プレゼンターが投影されたスライドを見ながら説明しようとすると聞き手に背を向けてしまうことになるのです。そうすると、聞き手とアイコンタクトすることができません。これでは、相手をプレゼンに引き込むこと、そして決定に導くことからは遠ざかります。

　そもそも、スクリーンに映っている情報は手元のパソコン画面にも映っています。わざわざスクリーンに向くのではなく、画面を見ながら説明していきましょう。体はあくまで前を向けて聞き手と向き合うべきです。そして、「どうしても」というときに時折パソコンに目を落として内容を確認する。聞き手に背を向けないように、スクリーン上の文字やオブジェク

トを指すときは、最小限に後ろを見るだけ。プレゼンターのお腹の側は常に聞き手の方を向けるように意識しましょう（図7-12）。

図7-12：基本的には前を向いて話す

リモコンとレーザーポインターがNGな理由

　PowerPointのスライドは、リモコンを使えばパソコンから離れた位置からでも次のページに送ったり、前のページに戻ったりと自在に操作できます。また、指示したい箇所にレーザー光を当てるレーザーポインターがあり、この2つの機能を兼ねたリモコンもあります。パソコンが置かれた位置から離れて歩き回るには都合がいい操作方法です。

　ただし、残念なことにリモコンを使っている多くの人が、操作ミスを犯します。手が滑ってスライドを数ページ先に進ませてしまい、本来のページに戻すために焦っている姿を見せては、本来伝えたいことをアピールできません。大型のイベントやテレビなど失敗の許されない場面でのプレゼンでは、スライドをプレゼンターが操作することはありません。スライドの出し間違いを防ぐために、入念なリハーサルを繰り返して別のオペレーターがパソコン上でスライドを操作するほどです。したがって、見せたい場面で確実にスライドを見せていくためにはリモコン操作は避けましょう。キーボードやマウスで確実に操作する方が安全です。

　また、レーザーポインターも曲者です。スクリーンから離れた場所から操作するため該当の箇所がうまく指せないことが多々あります。聞き手のときに、光がチラチラして、どこを指しているかわからなかった経験があ

なたにもあるのではないでしょうか。このチラチラが聞き手にストレスを与えてしまうのです。

そもそも、紹介したい文字や図形などを直接ピンポイントに指す必要はありません。遠くからでも、それがある方向に手を差し出すだけでも見ている聞き手にはどこのことを示しているかは伝わります。見本市の展示ブースなどでは大画面の前でコンパニオンが説明をしていますが、ポインターも指示棒も持たずに進行しているケースがほとんどです。ただし、その代わりに大げさなほどのジェスチャーをしながら話しています。つまり、そのような身振り手振りで十分に伝わるのです。

スクリーンの右に立つ

最後に「立ち位置」ですが、スクリーンに向かって右に立つようにしましょう。テレビの気象予報士も必ず右側で説明していますね。ビジネス文書やチラシなどもそうなっていますが、多くの人の視線は資料に対して左上から右下に向かって「Z型」に視線が動くので、文字や図形も左上からスタートして右下で終わるようにレイアウトされます。スライドでも画面の左上から順に重要なものをレイアウトするので、プレゼンターが右にずれていけば、説明するコンテンツを隠すことなく進行できます（図7-13）。

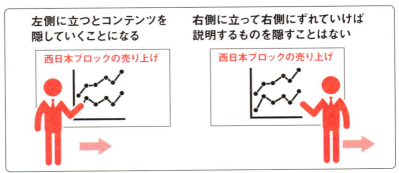

図7-13：立ち位置はスクリーンの「右側」

Section 06 ［決定力］事前準備がモノを言う

秒単位の進行表を作る

プレゼンでは時間のコントロールも重要になります。仮に5分の持ち時間に対して10枚のスライドを準備した場合、それぞれのスライドに均等に時間をかけることはほとんどありません。例えば、説明に1分を要するスライドもあれば、5秒で切り替えるスライドもあるでしょう。プレゼン中の時間をしっかり管理するためには、事前に進行表を作成して流れを把握しておきましょう（**表7-1**）。

表7-1：3分間プレゼンの進行表例

時間	秒数	内容
0'00"	15	あいさつ
0'15"	15	概略説明
0'30"	30	①精算の変更点
1'00"	45	②該当部署
1'45"	45	③帳票利用の注意点
2'30"	30	まとめと感謝を伝える
	180	

　進行表には、プレゼン全体の流れだけでなく、「最初のあいさつに15秒」、「全体の流れの説明に15秒」のように、分・秒単位で予定を書いていきましょう。また、説明にかける時間だけではなく、スタートからの経過時間も書いておきます。予定表にこれらの時間を書いておけば、P.211で紹介した発表者ビューの表示と見比べながら、プレゼンを進行できます。

　進行表を作成するときの注意点ですが、余裕を持って時間を割り振りましょう。司会者やアナウンサーなどのプロなら、残りの1秒まできっちり

と使うことができますが、一般のビジネスマンではそうもいきません。途中で詰まったり、言い直したりする時間を考慮し、進行表を作成するのがベターです。目安としては、持ち時間の9割程度で進行を考えるとよいでしょう。残りの1割は、予備として残しておきます。つまり、5分の持ち時間であれば、4分30秒程度の進行表を作成しておくと失敗がなくなります。

リハーサル機能を活用する

進行時間をコントロールするにはリハーサル機能も活用しましょう（図7-14）。

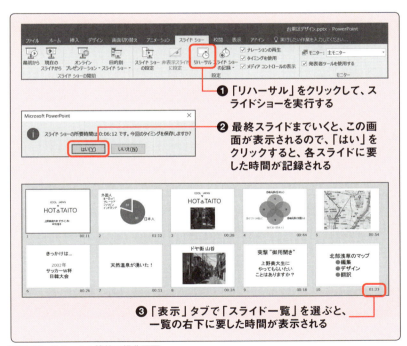

図7-14：リハーサル機能の操作画面

［スライドショー］タブの［リハーサル］をクリックし、スライドショーを実行すると、各スライドにかかった時間（1ページの説明に27秒かかった、2ページの説明には1分15秒費やした、など）やアニメーションを出した

タイミング（Aの図形は1.0秒で出現させた、Bの文字は1.5秒で消した、など）が記録されます。スライドの最終画面になったら、全体時間が表示された上で「タイミングを保存しますか？」というメッセージが出るので、「はい」をクリックすると、スライドが終わるまでの時間が記録されます。その後に［表示］タブから［スライド一覧］を選ぶと、サムネイルの右下にリハーサルでかかった時間が表示されるようになります。

　その時間が自分で作成した進行表と同じくらいならいいのですが、予定時間を大幅にオーバーしていたり、逆に時間を余らせてしまっていたりという場合には各スライドにかかった時間を見ながら、配分を見直していきましょう。

録音機能も活用しよう

　リハーサル機能と同時に試してもらいたいのが、ナレーションの録音機能です。本来はナレーションを含めた自動再生をするためのPowerPointデータを作成するための機能ですが、音声を録音し、早口すぎないかどうか、イントネーションは変ではないか、言葉の使い方が適切かどうかなどのチェックに利用していきます。

　音声を録音するには、［スライドショー］タブの［スライドショーの記録］をクリックして、本番通りにスライドを使いながら声に出してプレゼンしていきます。記録が終わったら、「ナレーションの再生」にチェックが入った状態でスライドショーを最初から実行すると、音声が入ったスライド進行を確認できます。

Wordで簡単に配布資料を作る

　スライドと兼用で配布資料を作る場合、ほとんどの人は、スライドをそのまま印刷したり、1ページに2面、3面、6面付けなどで印刷したりしているだけではないでしょうか。これでは、メモを記入する欄がなく、配布資料としては配慮に欠けます。かといって、スライドから新しく配布資料を作成するのも時間がかかります。

そこで活用したいのが、PowerPointのデータをWordにエクスポートする機能です（図7-15）。

［ファイル］タブから［エクスポート］を選び、［配布資料の作成］へと進みます。さらにまた［配布資料の作成］をクリックすると、エクスポートした後のWord資料のスタイルを選択できます。また、この画面下部にある「リンク貼り付け」にチェックを入れておくと、PowerPointで修正や更新があった場合、Word資料にも反映されるようになります。

メモ欄を確保して配布資料に使うことができるだけでなく、プレゼンター自身が時間配分や行うアクションを書き留めておく台本として、また、会場にいるスタッフと内容の情報共有の資料としても大活躍するはずです。

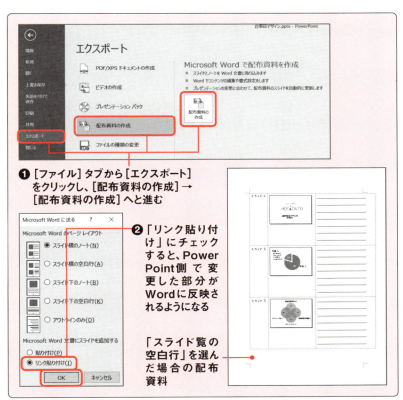

図7-15：Wordへエクスポートする

Column

ネット上で公開するプレゼン

　プレゼンを録画してインターネット上などで公開することがあります。よく見かけるのは「パソコンの操作方法」「手芸の作り方」などを紹介するものです。インターネット上に公開しておけば、見た人からの仕事依頼なども期待できます。

　プレゼンを録画するには、まず資料となるスライドを用意し、ナレーションを録音していきます。[スライドショー]タブから[スライドショーの記録]をクリックし[先頭から録音を開始]を選びます。スライドの動きは「スライドとアニメーションのタイミング」に、スライドの音声や書き込みなどは「ナレーション、インク、レーザーポインター」にチェックを入れておくことで、それぞれ記録されるようになります。

　そして、記録したものを動画化します。[ファイル]タブから[エクスポート]をクリックし、右側にある[ビデオの作成]へと進み、[プレゼンテーション品質]から作成する動画の画質を決め[ビデオの作成]をクリックすると「.mp4」形式のムービーが作成されます。

　CDなどの記録媒体に入れたい場合には[プレゼンテーションパック]を活用しましょう。「プレゼンテーションパック」とは、PowerPointにリンクする、Excelのようなファイルをひとまとめに保存するものです。それだけでなく、「プレゼンテーションパック」のデータは、PowerPointがインストールされていないパソコンでも、「PowerPoint Viewer」という無料でダウンロードできるソフトを使って視聴できるようになります。

　[エクスポート]→[プレゼンテーションパック]と進み、右側にある[プレゼンテーションパック]をクリックし、[フォルダーにコピー]か[CDにコピー]を選択すると完成します。

Chapter 08

最後に足し算する
プロの必勝テクニック

ここまで本書では引き算に引き算を重ねて
シンプルな資料を作成することを解説してきました。
最後に、極限まで無駄をそぎ落とした資料に
ひと手間加えて「決定」を手にする
「足し算」の方法を紹介していきます。
ここまで本書を学んできた人ならば、
社内プレゼンにおける「決定力」は
十分身についているはずですので、最後に
オマケとして「社外プレゼン」にも役立つテクニックも
「足し算」しておきました。

Section 01 [足し算] シンプルさを引き立てるひとさじ

決定力を上げるためには足し算も

プレゼンを決定へと導くために、本書ではここまでシンプルな資料を目指してひたすらに引き算してきました。しかし、プレゼンの決定力を上げるためには「足し算」も必要です。

パスタを作り終えて、最後にバジルを振りかけることで彩りが増し、見栄えが何倍もよくなるように、コショウを振りかけることで味に締まりが出るように、このひと手間で、資料やプレゼン自体の完成度が大きく変わってきます（図8-1）。

図8-1：最後のひと手間が重要

行動に導く気くばりがあるか

　足し算するべきものには大きく分けて2種類あります。ひとつ目は、相手が行動できるような「仕掛け」です。新聞に折り込まれてくる通信販売のチラシを思い浮かべてみてください。電話番号、メールアドレスやホームページのURLが書いてあるだけでなく、チラシ自体が申込書となって、FAXや郵便で申し込みできるようになっています。あの手この手で購入や導入ができる「仕掛け」を用意しているのです。

　ところが、プレゼン資料となった場合、そうした仕掛けがないことがほとんどです。プレゼンを受けて「その提案いいね！」「よし、それでいこう」となったときに、相手が行動できる情報を提示していなければ意味がありません。本書でここまで口を酸っぱくして説明しているように、最低でも、提案者の社名や氏名、連絡先が必要です。

　2つ目は、「小さな気くばり」です。例えば、配布資料なら、受け取った相手が次にどんな行動をとるか想像してみましょう。「社内会議用にコピーをするだろう」と思えば、資料をコピーしやすいサイズや留め方にしておく、白黒コピーをとっても読みやすい色を選択するなどが小さな気くばりになります。

　実際にあなたが資料を手にとって目にしても「ここに決定力を高めるポイントがありますよ」とは主張していないので、気付かないかもしれません。けれども、こうしたちょっとの仕掛けで人は心が動かされているのです。詳しくは次の項からご紹介していきます。

Chapter 08　最後に足し算するプロの必勝テクニック

Section 02 [足し算] 文字を「足し算」する

アピールポイントを小見出しに

　決裁者など、大量の資料を読んでいく立場になってみるとわかりますが、数多くの資料を読むにつれて、それを一字一句全て読むのは厳しくなります。つまり、飛ばし読みをするようになってしまうのです。手書きの履歴書が何百、何千通と届く採用担当者などを経験したことのある人なら共感できるはずです。

　では、何をすればよいのでしょうか。もちろん、字数を減らす努力も重要です。しかし、それにも限界があります。そこで、短くした文章に対し

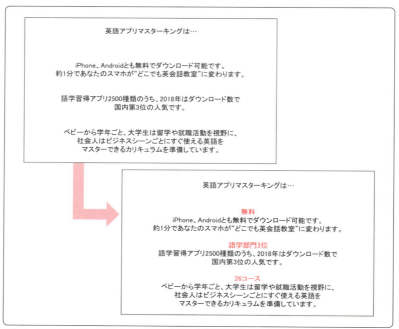

図8-2：極限まで「引き算」した文章に見出しを「足し算」

て小見出しを「足し算」していきましょう（図8-2）。

例えば、「当社の英語アプリXは無料で利用でき、語学習得アプリの中ではダウンロード数が第3位です」という成果を報告したいプレゼン資料なら「無料」「語学部門3位」などの小見出しを足し算して、アピールできます。

擬態語を加えてイメージを直感してもらう

文字数を少なくし、相手の心に響くように情報を届けるには様子を表す語も使っていきましょう。主には人工的な音を文字で表現した「擬音語」、人間や動物の音声を表した「擬声語」、動きなどを言葉に置き換えた「擬態語」などが挙げられます（図8-3）。

擬音語	擬声語	擬態語
ぎいぎい	わんわん	ふらふら
からから	にゃーにゃー	あっさり
ことこと	ちゅんちゅん	きらきら
ちょきちょき	きゃあきゃあ	ごちゃごちゃ
ざあざあ	はあはあ	のんびり
⋮	⋮	⋮

図8-3：オノマトペは3種類

「120℃に熱した鉄板に乗ったステーキ」と伝えても間違いではありませんが、「じゅうじゅう音を立てた120℃に熱した鉄板に乗ったステーキ」の方が、実物をイメージできるのではないでしょうか。他にも「光沢のある生地」よりも「きらきら光った生地」の方がいきいきと伝わりますね。

日本語はこうした「オノマトペ」が多い言語なので、私たちは知らず知らずのうちに会話でも使っていますが、なぜかプレゼンでは避けられがちです。スライドやプレゼンができあがった後に、オノマトペに置き換えられそうな言葉を探し「足し算」してみるとよいでしょう。

記号と説明で単語を補う

　プレゼンでは、無駄な単語や、文を説明する文、いわゆる「装飾文」は排除して、できるだけシンプルな文章にしていくことが基本ですが、伝える相手が知らない可能性がある言葉を使う場合にはどうすればよいのでしょうか。いちいち説明していては長くなってしまいますが、かと言って何も説明しないのでは不親切です。

　新聞記事を思い浮かべてみてください。アルファベットの短縮文字を使うときには、「SDGs（エスディージーズ）」とか「SDGs（Sustainable Development Goals＝国連の持続可能な開発目標）」のように、正式な綴りや意味、読み方などを補いながら言葉が使われています。その言葉を知らないと最後まで内容を理解してもらえないからです。

　この例ではしっかり説明しようとすると「国連の持続可能な開発目標のことをサステナブル・デベロップメント・ゴールズと呼び、一般的にはSDGsと表記する」と表現するところ、「()」の中に、「読み方」や「正式な綴り」を表記したり、「＝」で結んだりして、極力少ない字数の中で意味を説明できているわけです。

　言葉とそれを説明する文を区切る記号には、他にも「：」（コロン）や「／」（スラッシュ）、「…」（三点リーダー）などがあります。これらを駆使し、難しい単語をどうしても使わなければいけない際にも、少ない文字数で説明できるようにしましょう。

Section 03 [足し算] 意見を「足し算」する

校閲機能を活用する

　誤字脱字やスペルミスなど、たったひとつでも間違いがあると、資料全体への信頼を損なってしまいます。極論すれば、全体的によくまとまった提案であっても、わずか1字が命取りになって決定に至らない可能性もあるのです。ケアレスミスを防ぐためには二重三重のチェックをしていきましょう。

　P.141で紹介した検索機能や置換機能を駆使して作成者自身が見直すことはもちろんですが、もうひとつ活用すべきなのがPowerPointの校閲機能です（図8-4）。［校閲］タブの一番左にある［スペルチェックと文章校正］をクリックすると、助詞などのいわゆる「てにをは」や誤字、スペルミス

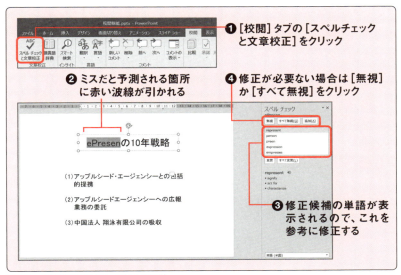

図8-4：校閲機能でケアレスミスを根絶

だけでなく、文章内の表記の揺れ（不統一）なども赤い波線で知らせてくれます。疑いのある箇所を提示するだけでなく「正しくはこうではありませんか？」という修正候補も示してくれるので、参考にして修正していくとよいでしょう。なお、造語などの一般名詞でない英語表記などにも波線が出てきてしまうため、注意しておきます。

多くの人の意見を集約する

いったんプレゼン資料が完成した後に、できるだけ多くの人にチェックしてもらうのも有効です（図8-5）。印刷したものを回覧し、赤字で書き込みをしてもらってもいいですが、データをメールやクラウドで共有し、データ上にコメントを書いてもらうのがおすすめです。PowerPoint上では、図形や文字列を選択した状態で［校閲タブ］から［新しいコメント］を選ぶと、画面右側にコメント欄が表示され、該当箇所へコメントを氏名つきで入力できます。書き込まれたコメントを確認するには［コメントの表示］をクリックします。

なお、チェックしてもらう人には、漫然とチェックしてもらうのではなく、その人がわからないと思う言葉や文章がないかどうかを中心に見てもらうようお願いしましょう。誤字や文法上の間違いはパソコンでも確認できますが、「わからない」というのは人間でなければ持てない感情なのです。

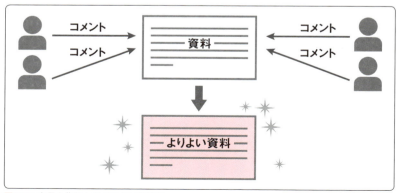

図8-5：意見を集約してよりよい資料に

Section 04 [足し算] 金額を「足し算」する

多くの人が「金額」を参考にする

　ほとんどの人は、「冷蔵庫が100万円なら高い」「5万円の冷蔵庫なら安いが何か理由でもあるのか」のように、価格を参照しながらプレゼン内容の「よい・悪い」を判断します。つまり、金額を提示しなければ、いくら素敵なプランを提示しても検討の土俵に乗らないということです。

　社員旅行のプレゼンであれば、料金が1万円以下なのかそれ以上なのか、10万円を超えるのかなど、大まかな数値で問題ありません。条件によって変動するような案件でも、「50名以上参加なら、ひとり当たりの宿泊費が2割引」といった伝え方はできるはずです。

　おすすめは、資料の表紙で提示してしまうことです。そうすれば、相手は金額ありきでプレゼンを判断できます。

お金の絡まないプレゼンは「無料」を打ち出す

　もちろんお金の絡まないプレゼンもあります。例えば「社内で勉強会を開催したい」という提案の場合は外部に出ていく費用はありません。こうしたケースだと、金額を提示しようがないと思われるかもしれませんが、視点を変えて「0円」という金額をアピールしてみましょう。

　ことプレゼンとなると相手は「何か払わされるのでは？」と身構えていることも多いのです。ならば、「費用はかかりませんので、安心してご検討をお願いします」とアピールするのが最適です。また、完全に無料ではない場合（キャッシュバックなど）も、積極的に「お得感」をアピールするとよいでしょう。

Section 05

［社外プレゼン］
根拠を「足し算」する

「本当に大丈夫？」を解消する

　プレゼンの聞き手が気にすることは金額だけではありません。「イエスと返事をしても大丈夫なのか？」という点にも注意します。

　せっかくプレゼンを受けて新商品の企画を承認したとしても、全く売れなければ当然困りますし、特に社外プレゼンの場合には建築などのプロジェクトで、発注したのに納期に間に合わなかったら大変なことになってしまいます。そこで、相手の「本当に大丈夫なのか？」という不安を取り除くような根拠を「足し算」していきましょう（図8-6）。

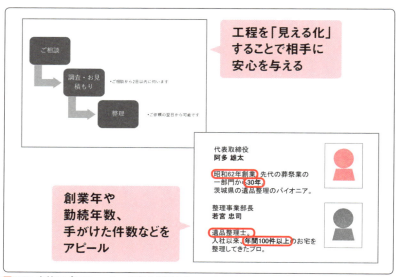

図8-6：実績やプロフィール、工程を提示する

　不安を取り除くために最も説得力があるのは「実績」です。「過去10年間で150件の施工実績」と1行でも記載があるかないかだけで、相手の安

心度は違ってきます。

　なお、実績やプロフィールは裏付けデータですから、スライドとして紹介するのは本題を説明した後がよいでしょう。ただし、プレゼンのタイトルに盛り込むことは可能です。建築プロジェクトの受注プレゼンで「過去1000件のマンション建築実績を持つ〜」とタイトルに盛り込めば、冒頭から相手を安心させられるでしょう。

　実績だけでなく納期面でも不安を取り除いていきます。引き渡しや納品の日にちから逆算した予定表をチャートなどで視覚化すれば、相手は安心できるはずです。

「やりっぱなし」のプレゼンは避ける

　プレゼンを受ける立場になってみると、資料中に多くの「根拠」が足し算されており内容に心が動いても、返事ができないことがしばしばあります。例えば、資料であれば差出人が明記されていない場合、対面プレゼンであればプレゼンターが最初から最後まで名乗らない場合などです。

　「社内プレゼンだから」「出席者は部内の人だけだから」という理由で差出人を省略してはいけません。

　特に、資料は手元から離れたが最後、どこにどう独り歩きしていくかわからないため、差出人や作成者を明示しておくことは必須であると言えます。プレゼンで最もやってはいけないことは「やりっぱなし」です。何らかのリアクションをもらわなければ、プレゼンターも、聴衆も時間の無駄遣いに終わってしまいます。社内・社外のプレゼンどちらともに、差出人の情報などはしっかり記載しておきましょう。

Chapter 08　最後に足し算するプロの必勝テクニック

Section 06 [社外プレゼン] 気くばりを「足し算」する

用紙にも綴じ方にも気くばりを

　社内ではなく、社外に向けた競合相手のいるプレゼンの場合、当然ですが先方は各社からの資料を手にすることになります。そうすると、内容には目を通す前でも、紙の手触りなどから良質な紙か、悪い紙かということはわかるものです。紙の良し悪しで本気度を忖度され、いらぬ悪印象を与えてしまっては損です。社外でのプレゼンに限っては、プレゼン資料だけでも普段より高級な上質紙を使うとよいでしょう。

　紙だけでなく、資料の綴じ方にも工夫が求められます。最近増えているのが、パンフレットのような中綴じ製本です。多くはA4横向きのスライドをA3の用紙に両面で印刷して綴じてあり、読む人は上方向にページをめくっていくことになります。しかし、ふだん手にする書籍や雑誌などで上にめくっていく印刷物はあまりないので、この綴じ方では何かを読むに際して不自然な動きを相手に求めることになってしまいます。また、読んでいくうちに用紙に折り目がついてしまうので、連続コピーする際に紙詰まりの原因にもなってしまいます。

　もしコピーされる可能性が全くない資料なら、書籍のようにきちんと製本されていると高級感もあり持ち運びや保管にも便利です。一方、相手がコピーする可能性が高い資料には、簡単に外せるようにホチキスで書類の左上を斜め45度に留める程度でよいでしょう。綴じ方ひとつとっても、相手が歓迎する、ストレスを感じるものとそうでないものができあがるのです。そしてこの小さな差が、決定に至るか至らないかを左右します。

　さらなる上級テクニックとしては、先方でコピーしてもらうために綴じていない原紙をファイルに入れて渡す、依頼される前にデータも渡しておく、という方法もあります。

Section 07

[社外プレゼン] プレゼンが終わった後にすべきこと

Chapter 08 最後に足し算するプロの必勝テクニック

すべきことは2パターン

　プレゼンが全て終わり、最終画面まで来たとき、行うべきことは2パターンあります。ひとつは、スライドをトップ画面に戻して、プレゼンのテーマをもう一度見せること。もうひとつは、最終スライドを見せ続けることです。

[①スライドをトップ画面に戻す]

　表紙にあたるスライドのトップ画面には、P.103で結論や最も訴えたいメッセージが相手に直感的に伝わるタイトルや、内容をイメージできるビジュアルを入れるようにお伝えしました。したがって、決定を後押しするためには、最後にそれを見せ続けておくことが有効です。

　スライドが終了した後に最初のページへ戻すには、［スライドショー］タブの［スライドショーの設定］へと進み、「Escキーを押すまで繰り返す」にチェックを入れます。

[②最終スライドを見せ続ける]

　一方の、プレゼン終了後にも最終スライドを見せ続ける場合には工夫が必要です。よく見かけるのは「ご清聴ありがとうございました」とだけ書かれたスライドを投影し続けるケースです（図8-7）。感謝の気持ちを伝えることは大切ですが、このメッセージをずっと見続けていたからと言って、聞き手がプレゼンにOKを出し行動を起こすかと言えば、そんなことはありません。

　「ご清聴ありがとうございました」と並んで「ご不明の点は何なりとお尋ねください」というスライドもよく見かけます。こちらも親切な呼びか

けではありますが、社名や担当者名などがわからないと問い合わせることはできません。

　最終ページを見せ続ける場合には、社名や担当者名だけでなく、電話番号やその語呂合わせ、ホームページを探すための検索ワードなどを大きく明示しておきましょう（図8-8）。この際、メールアドレスは避けるべきです。入力するのが面倒なため、多くの人はなかなか行動してくれません。決定へ直結するためには、相手がその気になったらすぐに連絡、行動できるようなお膳立てをしておくことが必要なのです。

質疑応答は「聞かれたら困ること」を中心に準備する

　なお、プレゼンの最後には質疑応答の時間を設けることが一般的です。相手の疑問点を取り除けば、必然的に決定に導けるはずです。したがって、慣例的に質疑応答を行うのではなく、決定力を上げるために戦略的に行っていきましょう。

　プレゼンではしっかり最後まで話すことができたのに、最後の最後で質疑応答にて想定外の質問が飛んできてしどろもどろになってしまい、プレゼンが台無しになってしまうこともあるくらいです。こうした事態を防ぐためには、できる限り多くの質問と答えを考えてから臨みましょう。

　考えておくべきことは「聞かれたら困ること」です。これを聞かれたら答えにくいということこそリストアップしておきましょう。プレゼンターひとりで思いつくことには限界がありますから、上司や同僚などに協力してもらって数多く考えておくと安心です。

図8-7：決定につながらない最終スライド

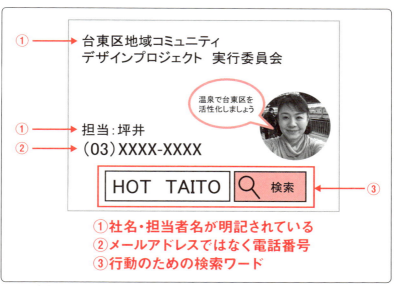

図8-8：決定につながる最終スライドの例

Section 08

［社外プレゼン］
15秒で伝える
コンテンツを持ち歩く

ひと言で伝えられるフレーズを準備する

　プレゼンの多くは資料を提出したり、メールを出したりして機会を設けてもらいますが、チャンスが突然やってくることもあります。長年売り込みたいと思っていた他社の社長と偶然何かの会合で同席したり、社内でもキーマンとエレベーターに同乗したりと、どこにプレゼンのチャンスが潜んでいるかはわからないものです。

　アメリカのシリコンバレーにある企業では、スポンサーとなる投資家にエレベーターで居合わせたときに備え、数十秒程度で簡単なプレゼンをできるように訓練しているという話もあります。通称「エレベーター・ピッチ」と呼ばれ、自分自身のことや事業内容をひと言で伝えられるようにしているのです（図8-9）。

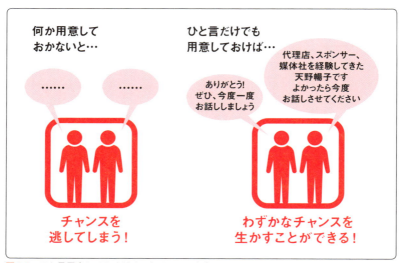

図8-9：ひと言用意しておくだけでもチャンスを生かせる

プレゼンしたい相手と偶然居合わせることは、多々あります。日頃から、自分が売り込みたいものや自己紹介をひと言でまとめる訓練をしておきましょう。このプロセスが、本番のプレゼンを行う際に無駄をそぎ落としてシンプルに情報を伝えることにも役立つはずです。

PowerPointでひと言プレゼンを自作する

　ひと言を伝えるだけでなく、連絡先のわかるものも渡しておくとリアクションが期待できます。この際、チラシやパンフレットでは大きすぎて迷惑になることもあるので、ベストは名刺やはがきサイズの資料です。PowerPointでは、これらも自作することが可能です。とっさのひと言を考えておくだけではなく、名刺やはがきサイズの小さなプレゼン資料やポートフォリオを作っておくとよいでしょう（図8-10）。

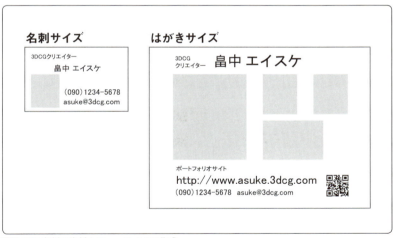

図8-10：名刺や資料もPowerPointで作成

Column

データの出典にひと工夫

　Webサイト上に公開されているオープンデータを、プレゼン資料の裏付けとして挿入することがありますが、必ず出典を明示するように注意しましょう。ただし、表示方法には注意します。

　資料によっては、オープンデータを、キャプションなどをトリミングすることなくそのまま貼り付けしてあるものも見たことがありますが、これは絶対に避けましょう。オープンデータなどをキャプションごとそのまま貼り付けして「グラフ3-2 イー・プレゼン取引先数推移」と表示されていたら、「3-1のグラフはどこにある？」と聞き手を混乱させてしまいます。

　こうしたことを防ぐために、タイトルと出典などの情報はトリミング機能を使って隠しましょう（P.119参照）。その上で、新しくテキストボックスに文字列を入力して表示します。元の文字列をトリミングできない場合は、テキストボックスに入力した正しい文字列を上からかぶせて下の文字列を隠すという方法を取ることもできます。

APPENDIX

秒速で伝わる資料・伝わらない資料

巻末付録として、
これまで本書でレクチャーしてきたテクニックを活用した
資料の作例を紹介していきます。
なお、ここで紹介する作例は、
ダウンロードコンテンツとして利用することが可能です（P.7参照）。
百発百中のプレゼンをしたい方や、資料作成時間の短縮をしたい方は
ぜひ、ご利用ください。

フォントの種類が多すぎる

年月に続く文章の始点位置がガタガタ

特技の紹介が客観的ではない

年表は時系列で作るが、学歴、社内のできごと、社外のできごとなどが混在している

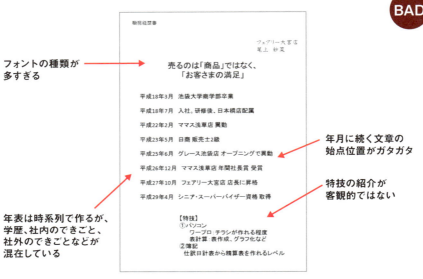

募集職種が多いときなどは、希望するポジションなどを朱書きで明記する

表組みを利用して項目の文字列をどこかのラインに揃える

フッターに氏名を設定して何ページに増えても誰の資料かわかるように

職歴、受賞、資格など情報はジャンル別に整理して紹介する

資格名を出せば、スキルが正確に伝わり、説明文も減る

2ページ以上の資料にはページ番号を振る

APPENDIX

秒速で伝わる資料・伝わらない資料

BAD

自己PR

入社以来、現場店舗で販売を担当してきました。その根底にあるのは、<u>「自分がしてほしいことを、お客さまにもしてさしあげる」</u>という気持ちです。
この精神で、店内での販売だけでなく、社内・社外でも自分にできることを、できる範囲でがんばっています。平成28年「フェアリー大宮」入居38店舗に働く従業員約500人のうち、利用者さまの投票で<u>「いちばん親切な店員さん」</u>を受賞しました。
平成27年 埼玉エリア12店舗で構成する<u>「ダイバーシティ委員会」</u>のメンバーになり、ママさんパートタイマーや外国人留学生アルバイトの悩みをとりまとめ、本社委員会に交渉しています。（28年から埼玉エリア委員長）趣味のマラソンクラブを通じて、東京国体開会式（平成25年）の会場整理、東京マラソン給水エイドのなどの、<u>ボランティア活動</u>を行っています。

- 下線がノイズになっている
- 紙面いっぱいに文字が広がっているので読みにくい
- 丸っこいフォントはビジネス文書には適していない

▼

GOOD

入社以来、現場店舗で販売を担当してきました。その根底にあるのは、「自分がしてほしいことを、お客さまにもしてさしあげる」という気持ちです。
この精神で、店内での販売だけでなく、社内・社外でも自分にできることを、できる範囲でがんばっています。

 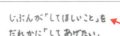

「いちばん親切な店員さん」受賞
平成28年「フェアリー大宮」入居38店舗に働く従業員約500人のうち、利用者さまの投票で「いちばん親切な店員さん」を受賞しました。

埼玉エリア **ダイバーシティ委員長**
平成27年 埼玉エリア12店舗で構成する「ダイバーシティ委員会」のメンバーになり、ママさんパートタイマーや外国人留学生アルバイトの悩みをとりまとめ、本社委員会に交渉しています。（28年から埼玉エリア委員長）

ボランティアでスポーツを支援
趣味のマラソンクラブを通じて、東京国体開会式（平成25年）の会場整理、東京マラソン給水エイドのなどの、ボランティア活動を行っています。

- 伝えたいことは3点にしぼる
- 関連するビジュアルを入れて内容をイメージさせる
- ポイントで手書き文字も入れてアイキャッチに（作例では、手書き文字をスマホで撮影し、PowerPoint上で画像の背景を白くしてある）
- 小見出しをつけて、説明文を全て読まなくても概略がわかるようにする

タイトルから
提案内容がわからない

背景やタイトルの色や装飾に
意味合いがない

平成29年度下期 定期人事研修
提案書

「提案書」という言葉は
タイトルに使用しない

相手がベネフィットだと感じる
要素をタイトルから入れる

相手に敬意を払い、
タイトルを「〜のご提案」に

決定率が3倍になる!?
「アクティブ資料作成術」講座
開発本部員への導入のご提案

平成29年9月4日
人事・教育部　山田裕介

社外秘

関連したビジュアルを入れて
内容をイメージさせる

提出日、提案者の部署、
氏名を入れる

各ページを象徴する文字列が
明朝系フォントでは弱々しい

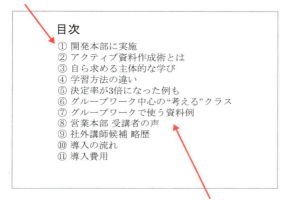

ズラリと並んだ文字列は
圧迫感がある

全体を3パートに分けて
紹介

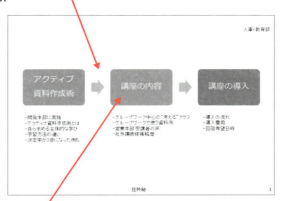

全体の流れを直感できる
ように図解を活用する

似たような資料が続くと単調で読み手を飽きさせる

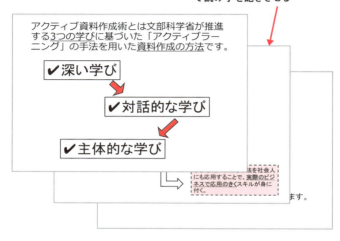

話題が切り替わる場面で中扉を挟む

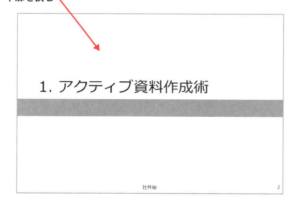

APPENDIX
秒速で伝わる資料・伝わらない資料

BAD

下線や図形の枠線がノイズになっている

> アクティブ資料作成術とは文部科学省が推進する3つの学びに基づいた「アクティブラーニング」の手法を用いた資料作成の方法です。
>
> ✔ 深い学び
> ✔ 対話的な学び
> ✔ 主体的な学び

図形（テキストボックス）のレイアウトに規則性がなく、矢印の形、サイズ、角度が統一されていないので不安定な印象

GOOD

スライドマスターに設定したテンプレートで伝える

発信者情報をヘッダーに設定することで全ページで繰り返し伝える

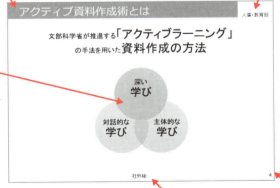

SmartArtを利用すれば、見栄えもよく、作業を時短できる

全ページで伝えたい情報はヘッダーやフッターに設定する

ページ番号を入れることで、進行やコピーが便利になる

文章だけで説明しようとすると
読み手の理解に時間がかかる

簡単な図形を組み合わせた
図解なら関係性が一目瞭然

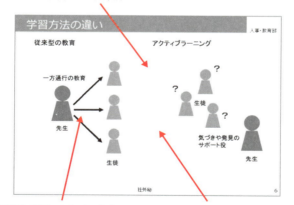

線を引く際は、線種、太さ、色、角度、
始点と終点の位置に規則性を持たせる

時間の流れは「左側は過去、
右側は未来」が原則

APPENDIX 秒速で伝わる資料・伝わらない資料

本文より見出しを目立たせるべき
なので明朝系フォントは適さない

社外講師候補 略歴

アクティブ資料作成術 講師
重野 みのり 先生
ドキュメント総研 研修事業部長兼主任講師。
日本で初めて資料デザインにアクティブラーニングの手法を取り入れたアクティブ資料作成のパイオニア。企業、自治体、大学からの依頼で、年間200回の講座、ワークショップを担当している。著書に「はじめてのアクティブ資料作成術」。1990年さくら女子大学教育学部 卒業後、ドキュメント総研入社 調査部でマーケティングリサーチを担当。95年ニューヨーク・プレゼンテーション・スクールに留学。97年に研修事業部に異動後、「パソコン操作」「コミュニケーション」等の講座を担当。11年より現職。

文章だけではどのような人物か
イメージしにくい

▼

決定者に興味のある情報を
数字を使って見出しに入れる

人物紹介では顔写真を入れることにより、会う前から親しみを持ってもらいやすい

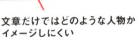

社外講師候補 略歴   人事・教育部

企業、学校で7,000人を導いたプロ講師

アクティブ資料作成術 講師
重野 みのり 先生

ドキュメント総研 主任講師。
日本で初めて資料デザインにアクティブラーニングの手法を
取り入れたアクティブ資料作成のパイオニア。企業、自治体、
大学からの依頼で、年間200回の講座、ワークショップを担当
している。著書に「はじめてのアクティブ資料作成術」。

年
1990 さくら女子大学教育学部 卒業
1990 ドキュメント総研入社 調査部でマーケティングリサーチを担当
1995 ニューヨーク・プレゼンテーション・スクールに留学
1997 研修事業部に異動
2000 「パソコン操作」「コミュニケーション」等の講座を担当
2011 研修事業部長 兼 主任講師

社外秘   12

表組みを使って整理すると
読み手の理解が早い

斜体文字は不安定な印象を与える

表の中のどの数字に注目すればいいのかわからない

	講師派遣料	1人あたり
〜10人	100,000円	10,000円
〜30人	250,000円	8,300円
〜50人	30,0000円	6,000円

※テキスト含む。消費税は別途で、講師交通費は実費を負担。

開発本部所属社員47名の受講を予定しております。

数字を中央揃えすると、ケタ数を間違えやすい

提案の概算総額がひと目でわかる

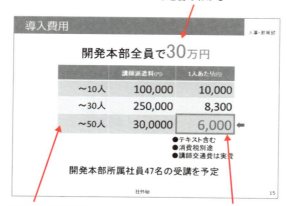

ノイズとなる黒い線を排除して各情報がとらえやすい

文字サイズを大きくし、色を変え、枠で囲み、矢印を側にレイアウトすることにより視線を誘導できる

文章が2行にまたがるときは
改行位置に工夫する

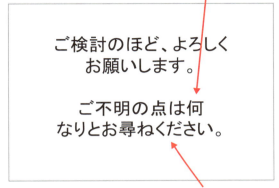

表紙を含め、提案書の部署、
氏名がないため、連絡が取れない

決裁がほしい日時を理由とともに
伝えることで回答がもらいやすくなる

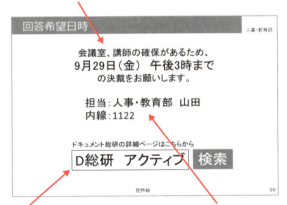

見てもらいたいウェブサイトは
検索ワードで伝えるほうが
相手の手間がかからない

連絡がつきやすい連絡先を伝える
（社内なら内線番号やメールアドレス）

Column

プレゼン・コンシェルジュ、史上最大のピンチ

　プレゼンに毎日接している私は、普通の人よりも多くのプレゼン・トラブルを経験しています。

　あるとき、セミナーで使うスライドと配布資料のデータを主催者側に事前送信しました。普段は会場に、自分が使っているWindowsパソコンを持ち込むのですが、開始直前に「データもデスクトップに準備してあります」との連絡が入ったので、パソコンを自宅に置いていきました。ところが、会場に着き動作確認をしてみたところ、準備されていたパソコンはMac。Macでは、Windowsで作成したデータのレイアウトはガタガタで、フォントも全く別のものになってしまっていました。

　主催者に聞くと、Windowsパソコンの用意はないとのこと。「Macでガタガタのままセミナーをやるしかないのか、いや、参加者の中にはパソコンを持ち歩いている人もいるはずだから、どなたかにお願いしてパソコンを使わせてもらうか……」と焦りました。

　そのとき、事前のデータ送信で関係者とやりとりしたのがFacebookだったことを思い出しました。

　インターネットがつながる場所なら、データをFacebookからダウンロードできます。そのとき、たまたま持っていたタブレット端末にダウンロードして、開場時間ギリギリでなんとか、事なきを得ました。

　このときに得た教訓は「①会場に準備されていても自分が使い慣れたパソコンやケーブルなどの周辺機器は必ず持ち込む」「②プレゼンで使うデータはメールや共有システムなどネットでアクセスできる場所に置いておく」の2点です。

　皆さんも、不慣れな現場でプレゼンを行う際には注意してください。

あとがき

[PowerPointを時短の武器にする]

　本書をお読みくださりありがとうございました。ひとつの提案を決定してもらうために、数え切れないほどの考え方やテクニックをご紹介しました。すべては覚えられないでしょうし、実行に移すのはさらに大変です。全部やるのは無理だと思われるかもしれません。ならば、気になったことをひとつでいいので試してみてください。特に、2章でご紹介した総合的な初期設定をやっておくと、作業量が格段に減り、この先ずっと資料作成が楽になります。ちょっと頑張るのは1回だけですから、ぜひ。

　そう、PowerPointは仕事や残業を増やすために存在するものではありません。あなたの頭の中をスピーディーに整理し、一瞬で見栄えよくデザインしてくれる魔法のツールです。本書を読んで学んだスキルによって浮いた時間は、家族や友人と過ごしたり、趣味に充てたり、スキルアップのための勉強など、あなたの人生が豊かになることに使っていただけたら幸いです。

　最後に、多くの著者の方々がいらっしゃる中、私を選んで執筆を依頼くださった編集の鬼頭勇大さんに心より感謝します。原稿を根気強く待ち、シャープかつダイナミックな編集をしていただきました。そのほか、マネジメントを担当くださったアップルシード・エージェンシーの宮原陽介さん、DTPや装丁、校正、印刷、製本などの制作を担当くださったスタッフの面々、流通や宣伝などの面でサポートくださっている翔泳社の方々、東京藝術大学 大学院 デザイン科の仲間たち、本書に関わってくださったすべての皆さまにお礼を申し上げます。ありがとうございました。

プレゼン・コンシェルジュ
天野 暢子

著者プロフィール

天野 暢子（あまの・のぶこ）

プレゼン・コンシェルジュ。イー・プレゼン代表。1962年広島市生まれ。広告代理店媒体担当、業界紙記者、大手ゲームメーカー広報担当などを経て、2006年にプレゼンテーションを中心としたコンサルタント「プレゼン・コンシェルジュ」として独立。広島修道大学講師（プレゼンテーション論）。東京藝術大学大学院 美術研究科 情報・設計研究室 研究生在学中。

「提案する側」「選ぶ側」の両方の立場から1,000件超のプレゼンを経験。プレゼン資料、入札資料、営業資料、提案書、企画書、プレスリリースなどのビジネス資料作成が専門。テレビのニュース番組の校閲やテロップ・フリップ等の制作監修にも長年関わり、テレビにおける一瞬の見せ方、伝え方の演出手法をプレゼンに応用している。著書に『プレゼン力がみにつくPowerPoint講座（翔泳社）』、『図解 見せれば即決！資料作成術（ダイヤモンド社）』、『図解 テレビに学ぶ 中学生にもわかるように伝える技術（ディスカヴァー・トゥエンティワン）』、『売上倍増 販促物のつくりかた（技術評論社）』など多数。

●イー・プレゼン
http://www.11epresen.com/

著者エージェント
アップルシード・エージェンシー
http://www.appleseed.co.jp/

装丁・本文デザイン	FANTAGRAPH（ファンタグラフ）
DTP	BUCH$^+$

社内プレゼンの決定力を上げる本
シンプル×PowerPoint（カケルパワーポイント）

2017年9月1日 初版第1刷発行

著 者　　天野 暢子
発行人　　佐々木 幹夫
発行所　　株式会社翔泳社（http://www.shoeisha.co.jp）
印刷・製本　日経印刷株式会社

© 2017 Nobuko Amano

＊ 本書へのお問い合わせについては8ページに記載の内容をお読みください。
＊ 落丁・乱丁はお取り替えいたします。03-5362-3705までご連絡ください。
＊ 本書は著作権法上の保護を受けています。本書の一部または全部について、株式会社翔泳社から文書による許諾を得ずに、いかなる方法においても無断で複写、複製することは禁じられています。

ISBN 978-4-7981-5226-4　　　　　　　　　　　　　Printed in Japan